New Delhi
BRICS 2012

金砖国家
联合统计手册
2012

中国统计出版社
China Statistics Press

中国·北京

（京）新登字 041 号

图书在版编目（CIP）数据

金砖国家联合统计手册．2012/ 中华人民共和国国家统计局等编．-- 北京：中国统计出版社，2012.3
ISBN 978-7-5037-6498-1

Ⅰ．①金… Ⅱ．①中… Ⅲ．①世界经济－经济统计－2012－手册 Ⅳ．① F222.5-62

中国版本图书馆 CIP 数据核字 (2012) 第 039680 号

金砖国家联合统计手册 2012

作　　者／ 中华人民共和国国家统计局等 编
责任编辑／ 叶礼奇　佘竞雄
E　mail ／ yearbook@gj.stats.cn
装帧设计／ 黄　晨
编辑部电话／（010）63376877　63376866
出版发行／ 中国统计出版社
通信地址／ 北京市西城区月坛南街 57 号　邮编 ／ 100826
办公地址／ 北京市丰台区西三环南路甲 6 号
电　　话／ 邮购 (010)63376907　书店（010）68783172
印　　刷／ 北京画中画印刷有限公司
经　　销／ 新华书店
开　　本／ 890 × 1240 毫米　1/16
字　　数／ 180 千字
印　　张／ 15
版　　别／ 2012 年 3 月第 1 版
版　　次／ 2012 年 3 月第 1 次印刷
书　　号／ ISBN 978-7-5037-6498-1/F · 3116
定　　价／ 108.00 元

前 言

众所周知，金砖国家（BRICS）是由在当今世界经济发展中发挥重要作用的几个最主要新兴经济体组成的。近几年来，由巴西、俄罗斯、印度、中国和南非构成的金砖国家，不仅在全球受到了前所未有的关注，并将在未来发挥更加重要的作用。因此，将金砖国家数据汇集到一本手册中，是整合金砖国家统计信息的重要举措。

包含金砖国家重要统计数据的手册是金砖各国国家统计机构共同努力的成果。手册第一卷于 2010 年 4 月在巴西举行的金砖国家首脑峰会上发布；第二卷于 2011 年 4 月在中国举行的金砖国家首脑峰会上发布。2012 年版为金砖国家系列手册的第三卷。

《金砖国家联合统计手册》从结构、内容和展示形式上都可以看出旨在为政治领袖以及其他许多用户提供便利参考。今后随着金砖国家作用的增强，对金砖国家数据的需求也将扩大，本手册的重要性也必定进一步得到提高。基于此，我们将不断努力扩大手册中数据的指标范围，提高数据质量，优化展示形式，使其更实用易懂。

手册的成功出版有赖于金砖各国国家统计机构之间的密切联系和卓越合作，这就确保了未来在统计出版物方面取得更多的成就。当然，通过积极的交流，特别是通过统计技能、统计方法、统计实践的共享与知识传递和统计创新，将有助于金砖国家建立更加完善的统计体系。

巴西国家地理与统计局局长：Wasmália Bivar

中国国家统计局局长：马建堂

印度中央统计局局长：S.K.Das

俄罗斯联邦统计局局长：Alexander Surinov

南非国家统计局局长：Pali Lehohla

2011 年金砖国家经济和社会发展状况及 2012 年展望①

2011 年，尽管世界经济复苏遭遇挫折，但金砖国家总体上仍保持较快增长，继续成为拉动世界经济增长的重要引擎，在世界经济中的地位越来越重要，相互之间的贸易合作也更加紧密。2012 年，金砖国家将受世界经济增长放缓、欧债危机以及国际市场大宗商品价格高位震荡等不利因素的影响，经济增长将有所放慢，但仍能保持较快的增长速度。

一、2011 年金砖国家在世界经济曲折复苏中总体表现依然出众

（一）经济保持较快增长，继续担当全球经济复苏的领跑者

2011 年，受欧债危机持续扩散蔓延以及发达国家经济增长缓慢的影响，金砖国家外需减弱，加上全球大宗商品价格震荡走高，金砖国家较为强劲的经济增长势头受到抑制。但从全球看，金砖国家的经济增速仍然较快，并对推动世界经济复苏做出了重要贡献。2011 年，中国、俄罗斯、印度、巴西和南非 GDP 分别增长 9.2%、4.3%、7.4%、2.7% 和 3.1%，各国增速均高于美、欧、日三大经济体。其中，中国、俄罗斯和印度分别比世界经济平均增速 3.8%（国际货币基金组织公布，根据购买力平价法 GDP 加权）高出 5.4、0.5 和 3.6 个百分点。

图1　2005-2011年金砖国家GDP增长率

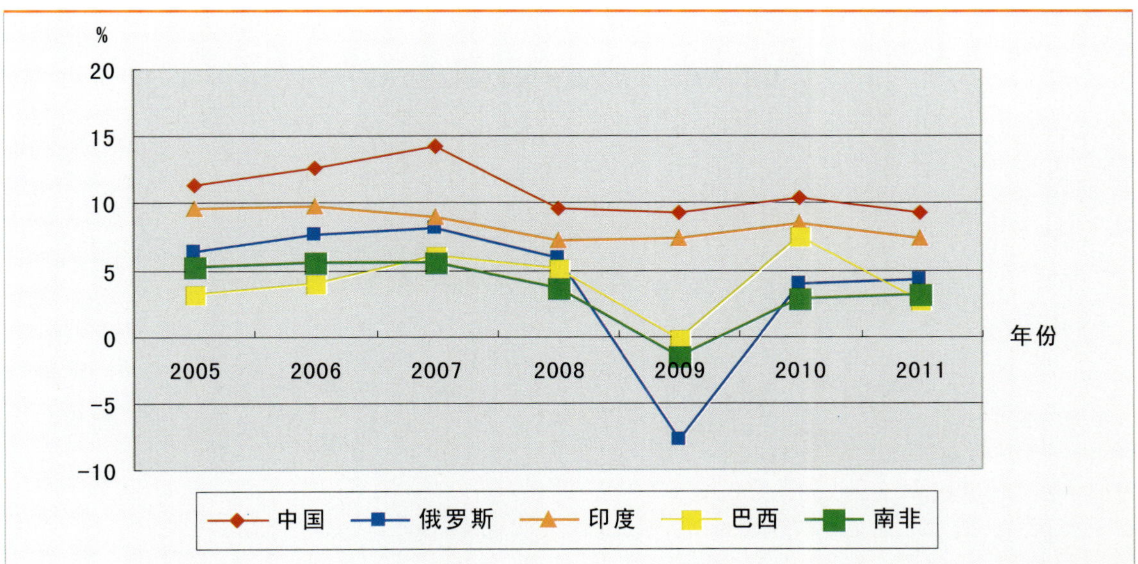

注：印度 2011 年 GDP 增长率来源于 IMF《世界经济展望》2012 年 1 月。

注：①本文中各国数据除非特别注明，均来自于各国官方统计机构；世界统计数据来自于相关国际组织。

（二）货物进出口保持快速增长

2011 年，尽管全球贸易低速增长，贸易环境持续恶化，但金砖国家货物进出口仍保持了快速增长势头。中国全年出口额和进口额分别为 18986 亿和 17435 亿美元，分别比上年增长 20.3% 和 24.9%，但贸易顺差降至 1551 亿美元，降幅为 17.0%。据世界贸易组织统计，受国际市场原油价格大幅上涨影响，俄罗斯出口额和进口额分别达到 5220 亿和 3232 亿美元，分别比上年增长 30.3% 和 30.1%，顺差为 1998 亿美元，增长 31.7%；在 2011 年 5 月推出“振兴出口战略计划”的推动下，印度出口额和进口额分别达到 2966 亿和 4510 亿美元，比上年分别增长 35.0% 和 28.8%，但逆差高达 1544 亿美元，增长 19.0%；受全球铁矿石价格上涨的利好刺激，巴西出口额达到 2560 亿美元，比上年增长 26.8%，进口额为 2262 亿美元，增长 24.6%；南非出口额和进口额分别达到 969 亿和 997 亿美元，分别比上年增长 19.8% 和 24.3%，贸易收支由顺差转为逆差，逆差为 28 亿美元。

（三）就业状况有所改善

由于国内整体经济形势较好，俄罗斯和巴西就业人数有所增加，两国的失业率分别在 2011 年 2 月和 3 月达到年内最高水平的 7.8% 和 6.5%，之后持续回落，到 12 月份分别回落至 6.1% 和 4.7%，全年为 6.6% 和 6.0%，比上年分别回落 0.9 和 0.7 个百分点；南非受建筑业和金融业持续不景气影响，这两个行业就业人数有所下降，导致失业率有所回升，全年失业率高达 24.9%，比上年升高 0.2 个百分点；中国城镇登记失业率全年稳定在 4.1%的较低水平。

（四）中国、俄罗斯、巴西和南非外汇储备有所增加

由于出口形势较好，外资流入增加，2011 年金砖国家外汇储备有所增加。2011 年底，中国、俄罗斯、巴西和南非外汇储备分别达到 31811 亿、4627 亿、3432 亿和 399 亿美元，比上年末分别增加 11.7%、3.1%、18.9% 和 13.0%。印度外汇储备为 2629 亿美元，比上年末略减 1.8%。

（五）居民生活水平继续改善，社会事业取得新的进步

人均 GDP 快速增长。IMF 公布的数据显示，2011 年，中国、俄罗斯、印度、巴西和南非人均 GDP 分别达到 5432、12945、1527、12726 和 8342 美元，按可比价格计算，分别比上年增长 8.7%、4.6%、6.8%、2.8% 和 2.2%。

社会事业进步较快。据联合国开发计划署发布的人文发展指数（HDI）排名，2011 年俄罗斯和巴西分别以 0.755 和 0.718 的得分继续位列“高人文发展水平国家”之列；中国、南非和印度分别为 0.687、0.619 和 0.547，均属于“中等人文发展水平”

图2　2005-2011年金砖国家CPI上涨率

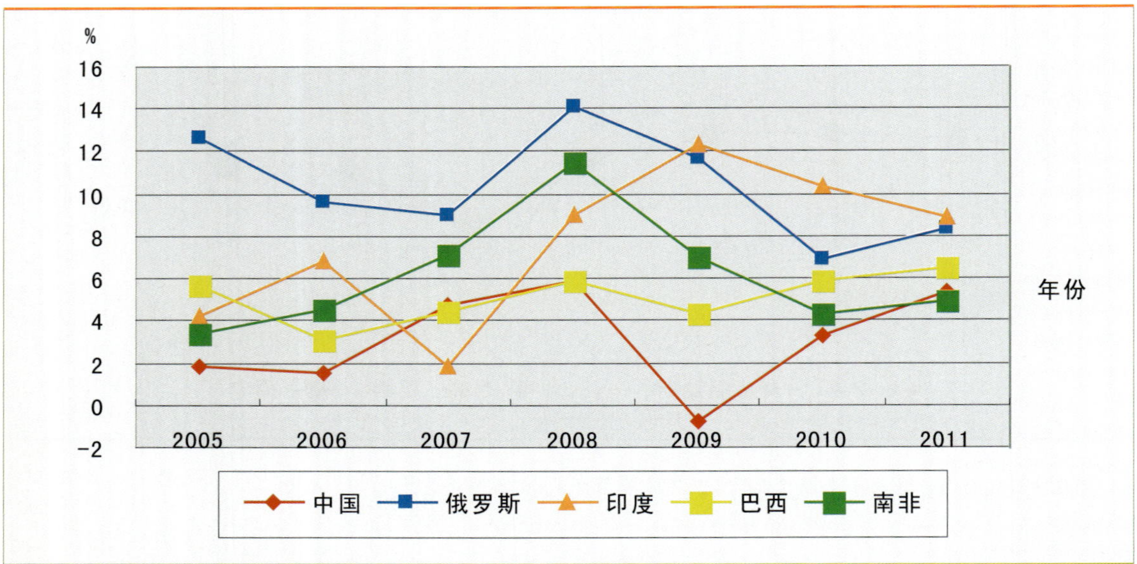

注：印度 2011 年 CPI 数据来源于 IMF《世界经济展望》2012 年 1 月。

国家。2000 至 2011 年，中国、俄罗斯、印度、巴西和南非的 HDI 年均增长率分别达到 1.41%、0.81%、1.56%、0.69% 和 0.05%。

2011 年，金砖国家在经济社会发展取得显著成绩的同时，也还面临着一些共同的问题：

一是人均 GDP 水平较低，经济发展任务繁重。目前，金砖国家人均 GDP 水平最高的是俄罗斯，但距离发达国家门槛尚有一定的距离。

二是通货膨胀压力仍然较大。2011 年，国际市场原油和其他大宗商品价格震荡走高，加之本币供应快速增长，金砖国家通货膨胀压力仍然较大。其中，中国、俄罗斯、巴西、南非 CPI 全年分别上涨 5.4%、8.4%、6.5% 和 5.0%，涨幅比上年分别扩大 2.1、1.5、0.6 和 0.7 个百分点；印度 CPI 从高位回落，全年上涨 8.9%，比上年回落 1.5 个百分点。

三是国际资本异常流动加剧冲击国内经济平稳发展。2011 年，国际金融市场持续动荡，国际投资者竞相追逐风险较低的美国、德国、日本国债以及能源、资源性商品，流入金砖国家股市的资金减少，股市普遍下挫。印度 BSE30 敏感指数、俄罗斯 RTS 指数、中国上综指、巴西圣保罗指数和南非 FTSE/JSE40 指数 2011 年末分别报收于 15455 点、1380 点、2199 点、57829 点和 28486 点，分别比年初下挫 24.6%、22.0%、21.7%、17.3% 和 0.5%。受资金向发达国家回流以及美元走强的影响，金砖国家中有 4 个成员国本币贬值。2011 年末，1 美元分别兑换 53.06 印度卢比、32.20 俄罗斯卢布、1.86 巴西雷亚尔和 8.07 南非兰特，分别贬值 19.0%、5.1%、12.2% 和 22.1%。2011 年年末，1 美元兑换 6.3 元人民币，人民币比年初升值了 4.6%。

二、金砖国家在世界经济的地位更加重要，相互之间的贸易合作日益紧密

（一）发展经济具有独特优势

地域广阔、人口众多。2010 年，金砖国家国土面积总计达 3973 万平方公里，占世界土地面积的 29.4%，其中俄罗斯、中国、巴西、印度和南非分别占世界的 12.7%、7.1%、6.3%、2.4% 和 0.9%，分别位居世界第一、第四、第五、第七和第二十四位；2010 年金砖国家年中人口总计达 29 亿，占世界总人口的 42.3%，中国、印度、巴西、俄罗斯和南非总人口分别占世界的 19.6%、17.1%、2.8%、2.1% 和 0.7%，分别位居世界第一、第二、第五、第九和第二十四位。

资源物产丰富。中国资源种类齐全、储量丰富；巴西是世界上资源储备极为丰富的国家之一。其矿产品不仅储量庞大，且品种多样。铁矿砂已探明储量 319 亿吨，产量和出口量均居世界第二位。铀矿储量 24 万吨，居世界第六位。锰矿储量 2 亿吨，产量占世界总产量的 10%，居世界第三位。其他储量较多的矿产还有铝、锡、铬、镍、锌、钨、宝石、黄金等；俄罗斯是世界第七大原油储量国，可开采的原油储量达到 794 亿桶，占全球可开采原油储量的 6.4%。天然气已探明储量 48 万亿立方米，占世界探明储量的三分之一强。森林面积 8.67 亿公顷，居世界第一位。淡水资源 4270 立方千米 / 年，居世界第二位。铁储量居世界第一位，铝储量居世界第二位，铀储量居世界第七位，黄金储量居世界第四位；南非是非洲最大的能源生产国和消费国，也是世界最大的黄金、铂和钯生产国，在世界市场的地位不容忽视。金砖国家农产品也丰富多样，包括玉米、稻谷、小麦、甘蔗、棉花和油菜籽等在内的众多农产品的产量居世界前列。据联合国粮农组织统计，2010 年，中国、印度、巴西和俄罗斯的谷物产量分别达到 49757 万吨、23491 万吨、7573 万吨和 5962 万吨，分别位居世界的第一、第三、第五和第七位。

表 1　金砖国家主要农产品产量居世界位次

国　家	主要农产品产量居世界的位次(2009年)
中　国	稻谷(1)、小麦(1)、花生(1)、籽棉(1)、茶叶(1)、玉米(2)、油菜籽(2)、芝麻(3)、甘蔗(3)、大豆(4)
俄罗斯	甜菜(1)、小麦(4)
印　度	芝麻(1)、稻谷(2)、小麦(2)、籽棉(2)、甘蔗(2)、花生(2)、油菜籽(3)、茶叶(3)、大豆(5)
巴　西	甘蔗(1)、大豆(2)、籽棉(5)
南　非	玉米(9)、甘蔗(14)

注：括号内数字为金砖国家各种农产品产量居世界的位次。

（二）在世界的经济地位不断提升，作用增强

1. 经济规模不断扩大，占世界经济总量的比重逐年提高。据国际货币基金组织统计，按汇率折算，2011 年金砖国家 GDP 总计达 13.9 万亿美元，占世界的 19.8%，比 2005 年提高 9 个百分点。其中，中国、巴西、俄罗斯、印度和南非分别为 73010 亿、24808 亿、18500 亿、18434 亿和 3750 亿美元，分别位居世界第二位、第六位、第九位、第十位和第二十九位。

表 2　2005年和2011年金砖国家GDP及占世界比重

国　家	2005年		2011年	
	GDP总量（亿美元，现价）	占世界的比重（%）	GDP总量（亿美元，现价）	占世界的比重（%）
金砖国家合计	**49170**	**10.8**	**138502**	**19.8**
中　国	22580	5.0	73010	10.4
巴　西	8820	1.9	24808	3.5
俄罗斯	7640	1.7	18500	2.6
印　度	7660	1.7	18434	2.6
南　非	2470	0.5	3750	0.6

注：印度 2011 年数据及世界总量数据来自 IMF《世界经济展望》2012 年 1 月。

2. 货物贸易在世界贸易中占有重要地位。2011 年，中国、俄罗斯、印度、巴西和南非货物进出口总额分别达到 36421 亿、8452 亿、7476 亿、4823 亿和 1966 亿美元，分别位居世界第二、第十三、第十五、第二十和第三十四位。2010 年，金砖国家货物进出口总额合计占世界的 31.3%，比 2005 年扩大 9.1 个百分点。其中，中国占世界的 19.5%，扩大 6.1 个百分点；俄罗斯为 4.4%，扩大 0.8 个百分点；印度为 3.6%，扩大 1.3 个百分点；巴西为 2.6%，扩大 0.7 个百分点；南非为 1.2%，扩大 0.1 个百分点。

表 3　金砖国家进出口贸易占世界的比重

国　家	2005年(%)	2010年(%)	2010年比2005年扩大(百分点)
金砖国家总计	**22.2**	**31.3**	**9.1**
中　国	13.4	19.5	6.1
俄罗斯	3.6	4.4	0.8
印　度	2.3	3.6	1.3
巴　西	1.8	2.6	0.7
南　非	1.1	1.2	0.1

资料来源：联合国贸发会议《贸易手册》2011 年。

3. 对世界经济增长的贡献显著。根据 IMF 公布的数据，2005 年、2010 年和 2011 年，按汇率折算，金砖国家经济增长对世界 GDP 增长的贡献率分别为 25.3%、40.1% 和 31.2%，而同期美国分别为 22.3%、11.3% 和 7.6%，欧元区分别为 10.9%、-5.3% 和 16.7%，日本分别为 -1.6%、8.2% 和 5.6%。

表 4　2005-2011年金砖国家及三大经济体经济增长对于世界经济增长的贡献率

单位：%

经 济 体	2005年	2010年	2011年
金砖国家合计	25.3	40.1	31.2
美　国	22.4	11.3	7.6
欧元区	10.9	-5.3	16.7
日　本	-1.6	8.2	5.6

资料来源：IMF《世界经济展望》2012 年 1 月。

（三）金砖国家之间经贸联系日趋紧密

2011 年中国对其他金砖国家的货物出口额达 1347 亿美元，是 2005 年的 4.4 倍，占 2011 年中国货物出口总额的 7.1%，

占比比 2005 年提高了 3.1 个百分点。中国出口到印度、俄罗斯、巴西和南非的货物分别达到 505 亿、389 亿、318 亿和 134 亿美元，分别比 2005 年增长了 465.7%、194.5%、559.6% 和 249.3%，均高于 149.2% 的我国同期出口增幅。中国向其他金砖国家出口的商品主要有自动数据处理设备及其部件、服装及衣着附件、纺织纱线、织物及制品和电话机等。

三、2012 年金砖国家经济将继续保持较快增长的势头，但增速将有所回落

2012 年，在国内需求带动及宏观经济政策支持下，金砖国家经济有望保持较快增长。但是，由于世界经济增长乏力，贸易增速回落，输入型通货膨胀压力依然较大，预计金砖国家经济增速将比上年有所回落。

（一）2012 年金砖国家经济继续较快增长的有利条件

1. 国内需求增长较快。近几年，金砖国家对外出口增长较快，但进口增速更快。2008-2011 年，金砖国家整体进口增速分别为 26.9%、-18.2%、17.7% 和 32.6%，分别高于出口增速 6.2、0.3、8.2 和 11.0 个百分点；金砖国家整体贸易顺差分别为 5290、4250、3188 和 2168 亿美元，呈逐年减少之势。

2. 积极的经济政策将有效推动经济增长。一是继续扩大国内需求。中国 2011 年提出了扩大保障房建设、扩大国内消费需求和改善消费环境的政策，这些政策的效果将于 2012 年逐步显现；南非政府计划提供总额为 200 亿兰特（约合 29.4 亿美元）的税收优惠或减税政策，以促进制造业领域的投资、扩建和升级。南非工业发展公司还将在未来五年内投入 100 亿兰特（约合 14.7 亿美元）用于投资创造就业潜力较大的项目。2011 年是南非的"创造就业之年"，政府将设立就业基金，在未来 3 年内投入 90 亿兰特（约合 13.3 亿美元）资助新增就业。二是货币政策有所放松。继去年三次降息之后，今年 1 月 18 日和 3 月 7 日，巴西央行分别下调基准利率 50 个和 75 个基点。从 2 月 24 日起，中国人民银行下调存款准备金率 0.5 个百分点，这是继去年 12 月首次降低存准率后的第二次下调。印度央行 1 月 28 日和 3 月 10 日分别下调存准率 50 基点。

3. 外部经济环境有望局部改善。去年 12 月以来，欧元区负债较多的几个国家纷纷制定更加严厉的财政紧缩措施，欧盟 25 国签署"财政契约"，欧洲央行启动第二轮长期再融资操作，欧洲金融稳定基金扩容，希腊第二轮救助计划得以启动，部分欧元区国家债券成功拍卖，表明近期欧债危机有缓解迹象，国际金融市场紧张状况将有所缓和，包括金砖国家在内的发展中国家的国际资本流入有所恢复。近期美国就业市场复苏加快，景气指标上行，表明美国经济自主增长的力量正在加强，2012 年美国经济增速有望超过 2011 年。日本经济在灾后重建的推动下，2012 年 GDP 有望止降回升。

（二）2012 年金砖国家经济增速将有所回落

1. 世界经济和贸易增速将比上年有所回落。本轮世界经济衰退是发达国家房地产泡沫破裂、金融危机爆发与经济周期因素相叠加的结果，不仅程度深，而且复苏更加迟缓。目前发达国家失业率仍处于历史较高水平，经济增长的内生动力不强，加上欧债危机及其他国家主权债务高企，2012 年世界经济增速及贸易量增速将比上年回落。据国际货币基金组织 2012 年 1 月预测，2012 年世界经济将增长 3.3%，比 2011 年回落 0.5 个百分点；世界货物和服务贸易量增长 3.8%，比 2011 年回落 3.1 个百分点。

2. 国际市场大宗商品价格高位震荡，金砖国家输入型通胀压力依然存在。尽管供需基本面并不支持国际市场大宗商品价格上涨，但由于主要发达经济体进一步放松货币政策，国际市场流动性进一步泛滥，加上投机和地缘政治因素，2012 年国际市场大宗商品价格将在高位震荡。2012 年 2 月份，欧佩克一揽子石油平均价格为 117.48 美元／桶，在上月环比上涨 4.1% 的基础上再度上涨 5.1%。1 月份，国际市场能源和非能源价格环比分别上涨 2.6% 和 2.9%；2 月份，环比再度上涨 4.4% 和 2.6%。

综合以上分析，预计 2012 年金砖国家经济仍将保持较快的增长势头，但增速比上年会有所回落。国际货币基金组织 2012 年 1 月预测，2012 年中国、俄罗斯、印度、巴西和南非 GDP 将分别增长 8.2%、3.3%、7.0%、3.0% 和 2.5%，其中中国、俄罗斯、印度和南非增速分别比上年回落 1.0 个、0.8 个、0.4 个和 0.6 个百分点；仅有巴西预计比上年加快 0.1 个百分点。

（本部分为中文版专门撰写 - 中文版编者注）

目　录

第五章　国民经济核算

第六章　价格指数

第七章　居民生活水平

第八章　资源和环境

第九章　工业

第十章　能源

第十一章　农业、林业、牧业和渔业

第十二章　交通运输

第十三章 信息社会

第十四章 财政和金融

第十五章 对外贸易

第十六章　旅游

附录

中文版后记

与本手册相关的金砖国家技术小组

与本手册相关的印度中央统计局工作人员

第一章 金砖国家经济社会指标比较

表 1 金砖国家经济社会指标比较

指标	单位	年份	数值
人口与就业			
年中人口			
巴西	万人	2011	19200
俄罗斯	万人	2011	14287(P)
印度(13)	万人	2011	121000
中国(11)	万人	2011	134413(P)
南非	万人	2010	5000
男性人口所占比重			
巴西	%	2011	49.0
俄罗斯	%	2011	46.3(P)
印度(13)	%	2011	51.6
中国(11)	%	2011	51.3(P)
南非	%	2010	48.0
女性人口所占比重			
巴西	%	2011	51.0
俄罗斯	%	2011	53.7(P)
印度(13)	%	2011	48.4
中国(11)	%	2011	48.7(P)
南非	%	2010	52.0
人口密度			
巴西	人/平方公里	2011	22.4
俄罗斯	人/平方公里	2011	8.4(P)
印度(13)	人/平方公里	2011	368.1
中国	人/平方公里	2011	140.0(P)
南非	人/平方公里	2010	41.1
粗出生率			
巴西	‰	2011	14.7
俄罗斯	‰	2011	12.6(P)
印度	‰	2009	22.5
中国	‰	2011	11.9(P)
南非	‰	2010	21.3
粗死亡率			
巴西	‰	2011	6.3
俄罗斯	‰	2011	13.5(P)
印度	‰	2009	7.3
中国	‰	2011	7.1(P)
南非	‰	2010	13.9
婴儿死亡率			
巴西	‰	2011	21.0
俄罗斯	‰	2011	7.3(P)
印度	‰	2009	50.0
中国	‰	2010	13.1
南非	‰	2010	46.9

表 1　金砖国家经济社会指标比较

（续表）

指　标	单　位	年　份	数　值
孕产妇死亡率			
巴西			
俄罗斯	每10万例活产婴儿	2010	17
印度	每10万例活产婴儿	2007	212
中国	每10万例活产婴儿	2010	30
南非			
经济活动人口占总人口比重			
巴西	%	2009	63.5
俄罗斯	%	2011	53(P)
印度	%	2009	40
中国(1)(2)	%	2011	56.7
南非	%	2010	34.3
失业率			
巴西	%	2009	8.3
俄罗斯	%	2011	6.6(P)
印度	%	2009/10	2.5
中国(3)	%	2011	4.1
南非	%	2010	24.9
国民经济核算			
国内生产总值（现价）			
巴西	亿美元	2011	24808(P)
俄罗斯	亿美元	2011	18500(P)
印度(12)	亿美元	2010	16030
中国(4)(5)	亿美元	2011	73010(P)
南非	亿美元	2011	3750
人均国内生产总值（现价）			
巴西	美元	2011	12726(P)
俄罗斯	美元	2011	12945(P)
印度(12)	美元	2010	1325
中国(4)	美元	2011	5432(P)
南非	美元	2010	7250
人民生活水平			
公共教育支出占GDP的比重			
巴西	%	2008	4.3
俄罗斯	%	2011	4.1
印度	%	2009	3.9
中国(6)	%	2010	3.7
南非	%	2010	10.1
工　业			
工业生产指数（上年=100）			
巴西		2010	110.5

表 1　金砖国家经济社会指标比较

（续表）

指　标	单　位	年　份	数　值
俄罗斯		2011	104.7(P)
印度(12)		2010	108.2
中国		2011	113.9(P)
南非		2010	104.9
铁矿石产量			
巴西	万吨	2009	34100
俄罗斯(精铁矿)	万吨	2011	10400(P)
印度(12)	万吨	2010	3000
中国	万吨	2011	132694
南非			
钢产量			
巴西	万吨	2009	4271
俄罗斯	万吨	2011	6839.8(P)
印度(12)	万吨	2009	6580
中国(7)	万吨	2011	68388
南非（产值）	万兰特	2010	9218000
乘用车产量			
巴西	万辆	2009	269.2
俄罗斯	万辆	2011	173.7(P)
印度(12)	万辆	2010	245.3
中国(8)	万辆	2011	1012.7
南非（产值）	万兰特	2010	8226900
电视机生产量			
巴西	万台	2009	807.2
俄罗斯	万台	2011	1418.6(P)
印度(12)	万台	2009	920.6
中国(9)	万台	2011	12231.4
南非			
能　源			
石油产量			
巴西	万吨	2010	10400
俄罗斯	万吨	2011	50940(P)
印度(12)	万吨	2009	3370
中国	万吨	2011	20365
南非	万吨	2007	2600
发电量			
巴西	亿千瓦时	2010	4750
俄罗斯	亿千瓦时	2011	10516(P)
印度(12)	亿千瓦时	2009	9060
中国	亿千瓦时	2011	47001(1)
南非	亿千瓦时	2010	2600
一次能源生产量			
巴西	万吨标准油当量	2010	24700
俄罗斯(14)	万吨标准油当量	2010	270700

表 1　　金砖国家经济社会指标比较

（续表）

指　标	单　位	年　份	数　值
印度[12]	万吨标准油当量	2009	39700
中国[10]	万吨标准油当量	2011	222600
南非	万吨标准油当量	2006	20500
能源消费量			
巴西	万吨标准油当量	2010	26500
俄罗斯	万吨标准油当量	2010	184400
印度[12]	万吨标准油当量	2009	47000
中国[10]	万吨标准油当量	2011	243600
南非	万吨标准油当量	2006	21000
农　业			
耕地面积			
巴西	万公顷	2010	6500
俄罗斯	万公顷	2010	12140
印度	万公顷	2008	15600
中国	万公顷	2008	12172
南非			
谷物产量			
巴西	万吨	2010	7300
俄罗斯	万吨	2011	9330[P]
印度	万吨	2010	22300
中国	万吨	2011	51939
南非	万吨	2010	15850
水果和蔬菜产量			
巴西	万吨	2010	4239.9
俄罗斯	万吨	2011	1760.0[P]
印度	万吨	2009/10	7151.6
中国	万吨	2010	36500.0
南非	万吨	2010	401.2
肉类产量			
巴西	万吨	2010	2074.9
俄罗斯	万吨	2011	748[P]
印度	万吨	2009	401.6
中国	万吨	2011	7956.5
南非	万吨	2010	253.1
鱼类捕获量			
巴西	万吨		
俄罗斯	万吨	2009	372.8
印度	万吨	2009	7.9
中国	万吨	2010	987.0
南非			
交通运输			
铁路营业里程			
巴西	万公里	2010	2.8
俄罗斯	万公里	2010	8.6[P]
印度	万公里	2009	6.4

表 1　金砖国家经济社会指标比较

（续表）

指　标	单　位	年　份	数　值
中国	万公里	2011	9.3
南非	万公里	2010	2.1
公路里程			
巴西	万公里	2008	173.6
俄罗斯	万公里	2010	66.5
印度	万公里	2008	260.0
中国	万公里	2011	408.0(P)
南非			
航空旅客周转量			
巴西	万人公里	2008	7100
俄罗斯	万人公里	2011	16676000
印度(12)	万人公里	2010	6700
中国	万人公里	2011	45167100
南非			

资料来源：

中国

1. 中华人民共和国国家统计局。
2. 中华人民共和国民政部，年度统计报告，2011 年。
3. 中华人民共和国卫生部，年度统计报告，2010 年。
4. 中华人民共和国铁道部，年度统计资料，2005-2010 年。
5. 中华人民共和国交通运输部，年度统计资料，2005-2010 年。
6. 中华人民共和国新闻出版总署，年度统计资料，2010 年。
7. 中华人民共和国国家统计局，工业生产调查月报，2011 年。
8. 中华人民共和国 2011 年《国民经济和社会发展统计公报》。
9. 中华人民共和国国家统计局，中国统计年鉴，2011 年。
10. 中国耕地面积数据来源于中华人民共和国国土资源部。
11. 中华人民共和国人力资源和社会保障部。
12. 中华人民共和国环境保护部，年度统计资料，2010 年。
13. 中华人民共和国水利部，年度统计资料，2010 年。
14. 中华人民共和国教育部，年度统计资料，2010 年。

脚注：

P：为初步数据。巴西、南非各项统计数据及印度和俄罗斯部分统计数据的注释参见各相应章节。

中国

(1) 为就业人口数占总人口的比重。

(2) 2005 年及以后就业人口数据根据第六次全国人口普查数据重新修订。

(3) 为城镇登记失业率。

(4) 按美元计算的 GDP、人均 GDP 和国民总收入利用第 15 章中的年平均汇率进行折算。

(5) 生产法 GDP 按生产者价格计算。

(6) 公共教育支出占 GDP 的比重是指国家财政性教育经费占 GDP 的比重。

(7) 为粗钢产量。

(8) 轿车产量。

(9) 彩色电视机产量。

(10) 一次能源生产总量和能源消费总量中的电力、热力按等价热值折算。

(11) 2011 年数据为全国人口变动情况抽样调查推算数据。

印度

(12) 印度数据为财年数据，即从当年 4 月 1 日到下年 3 月 31 日的财年。

(13) 为 2011 年 3 月 1 日数据。

俄罗斯

(14) 为万吨标准燃料，即将各种化石燃料及产品等相应的热值当量折算成标准燃料。

第二章 国家概况

图 2.1 人口和人口密度（2011年）

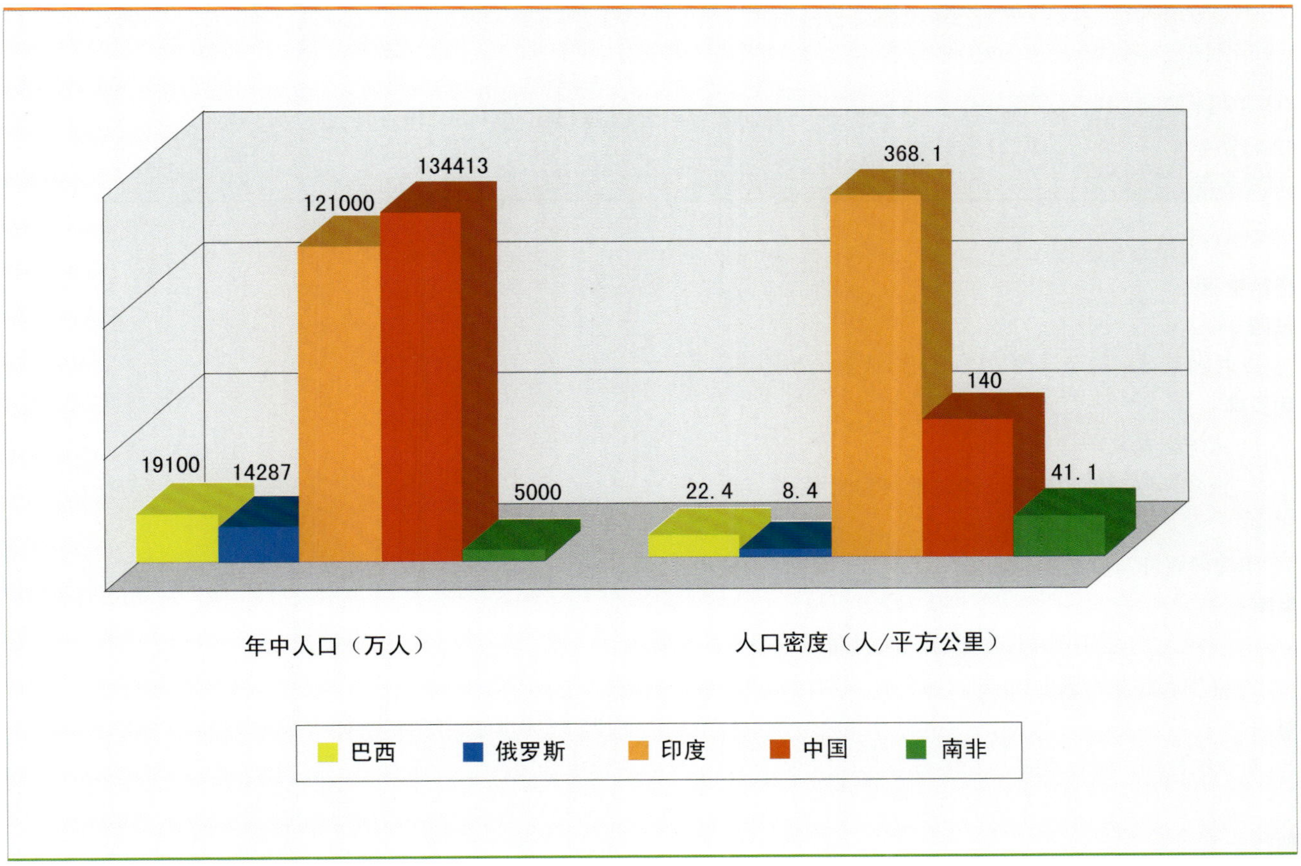

注：（1）印度人口数据为2011年3月1日人口数据。
（2）人口密度为总人口除以总面积。
（3）南非人口及人口密度为2010年数据。

表 2.1　金砖国家概况（2011年）

	单　位	巴　西	俄罗斯	印　度	中　国	南　非
国土面积	万平方公里	851.5	1709.8	328.7	960.0	122.1
首都		巴西利亚	莫斯科	新德里	北京	比勒陀利亚
年中人口	万人	19200[(1)]	14287	121000[(2)]	134413[(3)]	5000[(4)]
人口密度	人/平方公里	22.4[(1)]	8.4	368.1	140.0[(3)]	41.1
货币名称		雷亚尔	卢布	卢比	人民币	兰特

资料来源：

巴西

巴西国家地理与统计局，巴西人口普查，2010 年。

俄罗斯

1. 俄罗斯联邦统计局。
2. 俄罗斯联邦地理登记、地籍勘察和制图局。

印度

印度内政部，印度注册总署。

中国

1. 中华人民共和国国家统计局，2011 年《中国统计年鉴》。
2. 中华人民共和国 2011 年《国民经济和社会发展统计公报》。

南非

南非统计局，统计概要，2010 年。

脚注：

巴西

(1) 2011 年数据，采用 2000 年和 2010 年两次人口普查数据拟合罗吉斯蒂人口模型得到相应的人口比率并预测出这些年份的人口数。

印度

(2) 2011 年 3 月 1 日的人口普查数。

中国

(3) 2011 年年中人口数及人口密度数据为推算数。

南非

(4) 为 2010 年数据。

表 2.2.2　　金砖国家概况——印度

世界遗产	主要地标
1.泰姬陵	1.金庙
2.高塔	2.太阳庙
3.桑奇大塔	3.风之宫殿
4.玛哈巴利布勒姆遗迹	4.阿旃陀石窟
5.埃勒凡塔石窟	5.莲花寺

表 2.2.4　　金砖国家概况——中国

世界遗产	主要地标
1.长城	1.天安门城楼
2.北京和沈阳的明清皇宫	2.天坛祈年殿
3.莫高窟	3.拉萨布达拉宫
4.秦始皇陵	4.八达岭长城
5.北京颐和园	5.重庆解放碑

资料来源:

中国

1. 中华人民共和国国家统计局，2011 年《中国统计年鉴》。
2. 中华人民共和国 2011 年《国民经济和社会发展统计公报》。
3. 中华人民共和国国家旅游局。

主要统计指标解释：

通用解释

世界遗产 1972 年，联合国教科文组织以极大的热情采取了一项决议，决定推出“保护世界文化和自然遗产”公约。这个公约的主要目的是想在文化和自然方面定义世界遗产；列出成员国中引人注目的、具有世界价值的遗产，保护好这些遗产受到全人类关注；促进所有国家和人民之间的合作以为子孙后代保护好这些世界性财富。

现在已登记的世界遗址有 812 个文化和自然奇迹，以及为全人类共享的捐资，这些奇迹受到全人类的关注。其中：文化遗址 628 个，自然遗址 160 个，兼具文化和自然属性的混合性遗址 24 个。这些遗产分布在 137 个国家和地区。

国家解释：

印度

印度自 1977 年以来积极参与到世界遗址的保护中来，已与其他一些国际机构紧密合作，例如国际古迹遗址理事会（ICOMOS），国际自然及自然资源保护联盟（IUCN）和国际文物保护修复研究中心（ICCROM）。目前，印度有 27 个世界遗产，其中文化遗产 22 个，自然遗产 5 个。

第三章 人口

图 3.2（a） 人口自然增长率

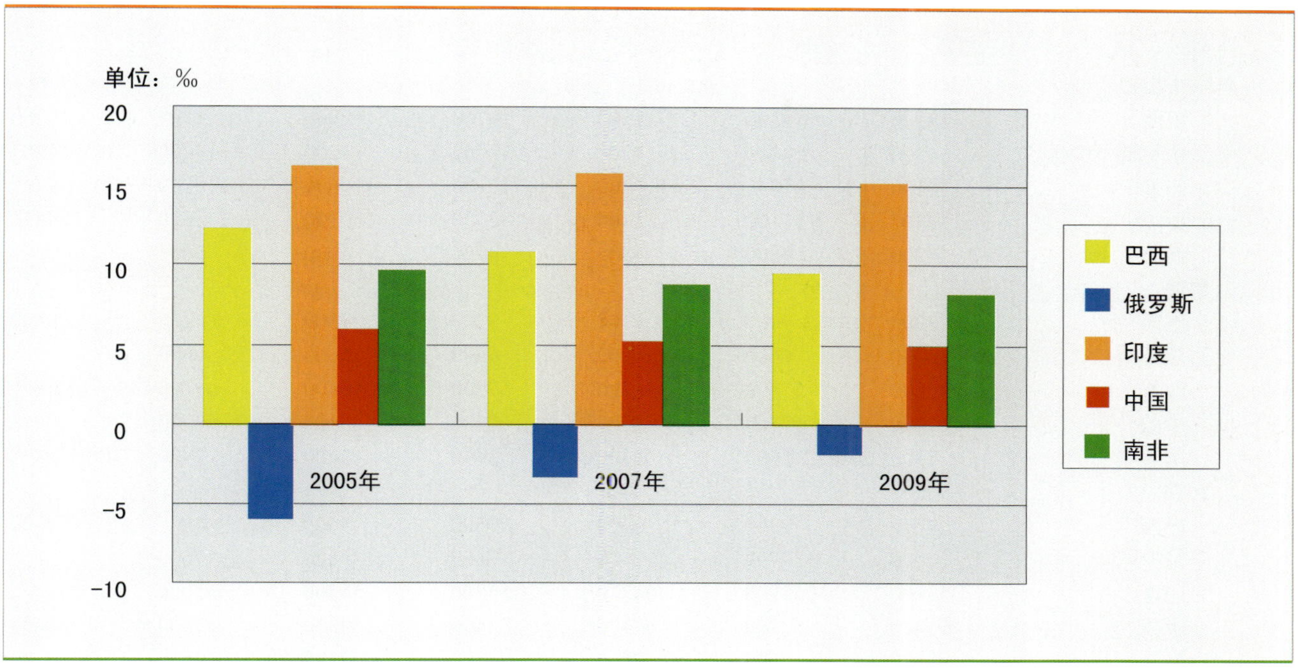

图 3.2（b） 婴儿死亡率

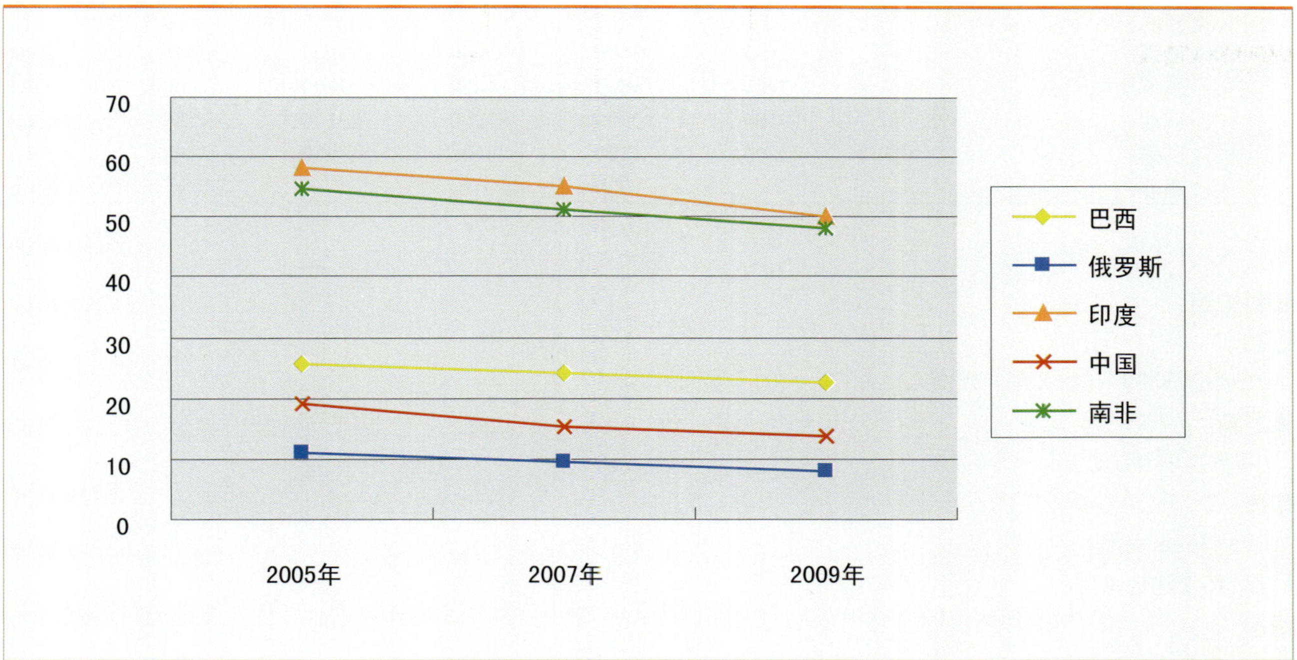

注：婴儿死亡率为一年中每1000名活产婴儿中在一周岁内死亡的数量。

表 3.1　人口概况

单位：万人

指　标	2005	2006	2007	2008	2009	2010	2011
年中人口数							
巴西	18100	18400	18500	18700	18900	19100[2]	19200
俄罗斯	14300	14300	14200	14200	14200	14200	14287
印度[3]	110100	111800	113400	115000	116600	118200	121000[4]
中国[5]	130400	131100	131800	132500	133100	133300	134413
南非	4700	4800	4800	4900	4900	5000	
男性							
巴西[1]	8900	9000	9100	9200	9300	9300[2]	9400
俄罗斯	6700	6600	6600	6600	6600	6500	
印度[3]	57000	57800	58700	59500	60400	61200	62400[4]
中国[6][7]	67400	67700	68000	68400	68600	68700	69068
南非	2300	2300	2300	2400	2400	2400	
女性							
巴西[1]	9200	9300	9400	9500	9600	9700[2]	9800
俄罗斯	7700	7700	7600	7600	7600	7600	
印度[3]	53100	53900	54700	55500	56300	57000	58600[4]
中国[6][7]	63400	63700	64100	64400	64800	65300	65667
南非	2400	2500	2500	2500	2500	2600	
城市人口							
巴西[1]	15000	15300	15500	15700	15900	16100[2]	16300
俄罗斯	10500	10400	10400	10400	10400	10400	10542
印度[3]	31700	32400	33100	33800	34600	35300	37700[4]
中国[6][7]	56200	58300	60600	62400	64500	67000	69079
南非[8]			2900				
农村人口							
巴西[1]	3100	3100	3100	3000	3000	3000[2]	3000
俄罗斯	3900	3900	3800	3800	3800	3800	3744
印度[3]	78500	79400	80300	81200	82100	82900	83300[4]
中国[6][7]	74500	73200	71500	70400	68900	67100	65656
南非[8]			1900				

资料来源：

巴西

巴西国家地理与统计局，巴西人口普查，2000 年和 2010 年。

俄罗斯

俄罗斯联邦统计局。

印度

1. 印度内政部。
2. 印度注册总署。

中国

1. 中华人民共和国国家统计局，《中国统计年鉴》，2005-2011 年。
2. 中华人民共和国 2011 年《国民经济和社会发展统计公报》。

南非

南非国家统计局。

脚注：

巴西

(1) 数据来自 1980-2050 年按性别和年龄划分的调整后的巴西人口预测（2008 年回顾），使用 2001 年到 2009 年全国住户抽样调查的结构数据。2001、2002 和 2003 年巴西北部的农村地区没有调查。2000 年和 2010 年城乡结构数据来自各自年份的普查数据。

(2) 2010 年巴西人口普查。常住人口数据为 8 月 1 日数据。数据结果于 2010 年 11 月 29 日公布。对于 2005 年至 2009 年，采用 2000 年和 2010 年两次人口普查数据拟合罗吉斯蒂人口模型得到相应的人口比率并预测出这些年的人口数。

印度

(3) 年中人口数为 7 月 1 日人口数。2005 年到 2010 年数据为推算数。

(4) 截至 3 月 1 日，根据 2011 年普查结果得出。

中国

(5) 2005 年数据根据全国 1% 人口抽样调查数据推算。2010 年数据为第六次全国人口普查数据推算数。2006-2009 年数据为在年度全国人口变动情况抽样调查基础上，根据人口普查数据修订数。2011 年数据为全国人口变动情况抽样调查推算数据。

(6) 由于数据单位不同，四舍五入的原因，个别年份数据合计不相等。

(7) 分性别和城乡人口数为年末人口数。

南非

(8) 2007 年社区调查。

表 3.2.1　人口——巴西

指　标	单　位	2005	2006	2007	2008	2009	2010	2011
年中人口数[1]	万人	18140	18350	18550	18730	18910	19070	19200
15岁以下	万人	5080	4960	5010	4870	4920	4600	4800
15-24岁	万人	3450	3490	3340	3370	3400	3420	3290
25-59岁	万人	7980	8260	8350	8620	8700	8990	9140
60岁及以上人口	万人	1630	1650	1860	1870	1890	2060	1970
性别比[1]	女性=100	96.7	96.6	96.5	96.4	96.4	95.9	96.2
15岁以下	女性=100	102.9	102.9	102.9	102.9	102.9	103.6	102.9
15-24岁	女性=100	101.4	101.4	101.3	101.5	101.5	100.8	101.6
25-59岁	女性=100	94.4	94.4	94.5	94.6	94.6	94.3	94.8
60岁及以上人口	女性=100	81.0	80.7	80.4	80.2	79.9	80.1	79.4
粗出生率[1]	‰	18.5	17.8	17.1	16.4	15.8	15.2	14.7
粗死亡率[1]	‰	6.3	6.3	6.3	6.3	6.3	6.3	6.3
人口自然增长率[1]	‰	12.2	11.5	10.8	10.1	9.5	8.9	8.4
出生时预期寿命[1]	岁	71.9	72.2	72.5	72.8	73.1	73.4	73.7
总和生育率		2.1	2.0	1.9	1.9	1.8	1.8	1.7
婴儿死亡率[1]	‰	25.8	25.0	24.1	23.3	22.5	21.6	21.0
粗结婚率[2]	‰	6.3	6.6	6.6	6.8	6.6		
粗离婚率[2]	‰	1.3	1.4	1.4	1.5	1.4		

资料来源：

巴西国家地理与统计局，巴西人口普查，2000 年和 2010 年；按性别和年龄划分的经调整的巴西人口预测（2008 年回顾） 1980-2050 年；民事登记统计，2000-2009 年。

脚注：

（1） 2005-2009 年及 2011 年人口和性别比的数据来源于 1980-2050 年按性别和年龄划分的巴西人口预测数（2008 年回顾）。

（2） 2005-2010 年数据来自民事登记统计。

表 3.2.2　人口——俄罗斯

指　标	单　位	2005	2006	2007	2008	2009	2010	2011
年中人口数	万人	14350	14280	14220	14200.0	14190	14190	14287
15岁以下	万人	2190	2120	2090	2080	2110	2140	
15-24岁	万人	2450	2420	2380	2300.0	2180	2080	
25-59岁	万人	7220	7300.0	7330	7370	7430	7460	
60岁及60岁以上	万人	2490	2430	2430	2450	2470	2520	
性别比	女性=100	86.6	86.4	86.2	86.1	86.1	86.1	
15岁以下	女性=100	104.8	104.9	104.9	105.0	105.1	105.1	
15-24岁	女性=100	102.8	102.9	103.1	103.2	103.2	103.4	
25-59岁	女性=100	91.7	91.2	91.0	91.0	91.0	91.2	
60岁及60岁以上	女性=100	51.3	50.8	50.8	51.0	51.1	51.5	
粗出生率(1)(2)	‰	10.2	10.4	11.3	12.1	12.4	12.5	12.6
粗死亡率(1)(2)	‰	16.1	15.2	14.6	14.6	14.2	14.2	13.5
人口自然增长率(1)(2)	‰	-5.9	-4.8	-3.3	-2.5	-1.8	-1.7	-0.9
出生时预期寿命(1)(2)	岁	65.3	66.6	67.5	67.9	68.7	68.8	70.3
总和生育率(1)(2)		1.29	1.30	1.41	1.49	1.54	1.57	1.61
婴儿死亡率(1)(2)	每1000例活产婴儿	11.0	10.2	9.4	8.5	8.1	7.5	7.3
孕产妇死亡率	‰	0.254	0.237	0.220	0.207	0.220	0.165	
粗结婚率(1)(2)	‰	7.5	7.8	8.9	8.3	8.5	8.5	9.2
粗离婚率(1)(2)	‰	4.2	4.5	4.8	5.0	4.9	4.5	4.7
净迁移率(1)(2)	%	0.09	0.11	0.18	0.18	0.18	0.13	0.22
抚养系数		0.48	0.47	0.47	0.47	0.48	0.49	

资料来源：

1. 俄罗斯联邦统计局。
2. 俄罗斯民事登记办公室。

脚注：

(1) 2010 年俄罗斯全国人口普查数据。2005 年-2010 年数据将在 2012 年发布 2010 年全国人口普查数据时进行修订。

(2) 2011 数据为初步数据。

表 3.2.3　人口——印度

指　　标	单　　位	2000	2001	2002	2003	2004	2005	2006	2007	2008	2009	2011[2]
按年龄划分的人口总数(3月1日数据)	万人		102860					111220				121000
0-4岁	万人		12140					11520				
5-9岁	万人		12330					11930				
10-14岁	万人		11990					12250				
15-19岁	万人		10400					11910				
20-24岁	万人		9100					10300				
25-29岁	万人		8290					9000				
30-34岁	万人		7580					8190				
35-39岁	万人		6800					7470				
40-44岁	万人		5750					6670				
45-49岁	万人		4690					5610				
50-54岁	万人		3720					4520				
55-59岁	万人		2990					3500				
60-64岁	万人		2570					2740				
65-69岁	万人		2050					2250				
70岁及以上	万人		2450					3360				
粗出生率	‰	25.8	25.4	25.0	24.8	24.1	23.8	23.5	23.1	22.8	22.5	
粗死亡率	‰	8.5	8.4	8.1	8.0	7.5	7.6	7.5	7.4	7.4	7.3	
人口自然增长率	‰	17.3	17.0	16.9	16.8	16.6	16.2	16.0	15.7	15.4	15.2	
出生时预期寿命	岁	61.9[1]	62.2	62.5	62.7	62.9	63.0					
总和生育率		3.2	3.1	3.0	3.0	2.9	2.9	2.8	2.7	2.6		
婴儿死亡率	‰	68.0	66.0	63.0	60.0	58.0	58.0	57.0	55.0	53.0	50.0	
孕产妇死亡率[3]	每10万例活产婴儿		301.0			254.0			212.0			

资料来源：

1. 印度内政部，印度注册总署。
2. 1971-2007 年印度生育和死亡指标概要。
3. 2005 年、2006 年和 2007 年抽样登记体系统计报告。抽样登记系统统计报告。

脚注：

（1）为 1996-2000 年及其后 5 年数据。

（2）为 2011 年人口普查数据，为 3 月 1 日时点数，初步数据。其中 0-6 岁人口为 15880 万人，7 岁及以上人口为 105100 万人。

（3）分别为 2001-2003 年，2004 年-2006 年，2007-2009 年数据。

表 3.2.4 人口——中国

指　标	单　位	2005	2006	2007	2008	2009	2010	2011[1]
年中人口数[4]	万人	130370	131100	131790	132470	133140	133770	134413
年末人口数[4]	万人	130760	131450	132130	132800	133450	134100	134740
15岁以下的人口[2]	万人	26500	25960	25660	25170	24660	22260	22160
15-59岁[2]	万人	89830	90590	91130	91650	92100	94050	94070
60岁及以上[2][3]	万人	14420	14900	15340	15990	16710	17780	18500
15-64岁[2]	万人	94200	95070	95830	96680	97500	99940	100280
65岁及65岁以上人口[2]	万人	10050	10420	10640	10960	11310	11890	12290
性别比	女性=100	106.3	106.3	106.2	106.1	105.9	105.2	105.2
粗出生率	‰	12.4	12.1	12.1	12.1	12.0	11.9	11.9
粗死亡率	‰	6.5	6.8	6.9	7.1	7.1	7.1	7.1
人口自然增长率	‰	5.9	5.3	5.2	5.1	4.9	4.8	4.8
出生时预期寿命	岁	73.0						
婴儿死亡率	‰	19.0	17.2	15.3	14.9	13.8	13.1	
粗结婚率	‰	6.3	7.2	7.5	8.3	9.1	9.3	9.3
粗离婚率	‰	1.4	1.5	1.6	1.7	1.9	2.0	
孕产妇死亡率	每10万例活产婴儿	47.7	41.1	36.6	34.2	31.9	30.0	

资料来源：

1. 中华人民共和国国家统计局，《中国统计年鉴》，2005-2011 年。
2. 中华人民共和国 2011 年《国民经济和社会发展统计公报》。
3. 中华人民共和国民政部，统计年报，2005 年 -2011 年。
4. 中华人民共和国卫生部，统计年报，2005 年 -2010 年。

脚注：

(1) 2011 年数据为初步数。

(2) 由于数据单位不同，四舍五入的原因，个别年份数据合计不相等。

(3) 60 岁及以上人口根据 2005 年 11 月 1 日人口比例数推算，并非直接调查获得。

(4) 2005 年数据根据全国 1% 人口抽样调查数据推算。2010 年数据为第六次全国人口普查数据推算数。2006-2009 年数据为在年度全国人口变动情况抽样调查基础上，根据人口普查数据修订数。2011 年数据为全国人口变动情况抽样调查推算数据。

表 3.2.5 人口——南非

指　标	单　位	2005	2006	2007	2008	2009	2010
年中人口数	万人	4730	4790	4840	4890	4950	5000
15岁以下	万人	1570	1570	1570	1560	1560	1550
15-24岁	万人	960	970	990	1000	1010	1020
25-59岁	万人	1870	1910	1940	1980	2010	2040
60岁及以上	万人	320	330	350	360	370	380
性别比	女性=100	93.6	93.9	94.1	94.3	94.6	94.8
15岁以下	女性=100	101.5	101.5	101.5	101.4	101.4	101.4
15-24岁	女性=100	96.6	97.6	98.5	99.4	100.2	101.1
25-59岁	女性=100	89.8	90.1	90.4	90.7	91	91.4
60岁及以上	女性=100	72.7	72.9	73.1	73.3	73.5	73.7
粗出生率	‰	23.7	23.3	22.8	22.3	21.8	21.3
粗死亡率	‰	14.1	14.2	14.1	13.7	13.6	13.9
人口自然增长率	‰	9.6	9.1	8.7	8.6	8.2	7.4
出生时预期寿命	岁	51.5	51.8	52.5	53.5	54.3	54.3
总和生育率		2.6	2.6	2.5	2.5	2.4	2.4
婴儿死亡率	‰	54.6	52.4	51.3	49.3	48.2	46.9
粗结婚率	‰	3.9	3.9	3.8	3.8	3.5	
粗离婚率	‰	0.7	0.7	0.6	0.6	0.5	

资料来源：

南非国家统计局，各类住户调查。

主要统计指标解释：

通用解释：

粗出生率　为一年中每 1000 人口中出生人数，不包括胎儿死亡数。

粗死亡率　为一年中每 1000 人口中死亡人数。

人口自然增长＝粗出生率－粗死亡率。

总和生育率（TFR）　为一个妇女在其生育年龄段（15-59 岁）按现有的生育水平计算平均可能生育的子女数。

出生时预期寿命　是按当前人口死亡率水平计算，一个新生儿平均预期可能存活的岁数。

婴儿死亡率（IMR）　为一年中每 1000 名活产婴儿中在一周岁内死亡的数量。

粗离婚率　指当年离婚对数占年平均人口的比重，计算公式为：

$$粗离婚率=\frac{当年离婚对数}{年平均人口数}\times 1000‰$$

抚养系数　为 0-15 岁、60 岁及以上人口之和与 15-59 岁人口的比率。

人口普查　是在特定时点、对特定地区进行的旨在获取全部人口数据以及获取其他人口、社会和经济信息的全面调查。

New Delhi BRICS 2012

金砖国家

联合统计手册

2012

第四章 经济活动人口

表 4.1　经济活动人口概况

单位：%

指　标	2005	2006	2007	2008	2009	2010	2011
经济活动人口数占总人口的比重							
巴西(1)(2)	69.2	68.9	68.5	68.5	68.5		
俄罗斯	51.0	52.0	53.0	52.0	53.0	53.0	53.0
印度	42.3		41.3		40.0		
中国(5)(6)	57.1	57.0	57.0	56.9	56.8	56.8	56.7
南非	35.8	36.6	36.2	36.9	35.8	34.8	
第二产业就业人口数占全部就业人口的比重							
巴西(1)(2)(3)	21.6	21.6	22.2	22.8	22.4		
俄罗斯(4)	29.8	29.3	29.2	28.9	27.5	27.7	27.4
印度							
中国(6)	23.8	25.2	26.8	27.2	27.8	28.7	
南非	22.6	22.6	23.0	23.4	22.9	22.1	

资料来源：

巴西

巴西国家地理与统计局，全国住户抽样调查，2001-2009 年。

俄罗斯

俄罗斯联邦统计局，劳动力调查。

印度

印度统计和计划执行部，全国抽样调查报告：印度就业和失业状况，2005 年 7 月-2006 年 6 月，2007 年 7 月-2008 年 6 月，2009 年 7 月-2010 年 6 月。

中国

1. 中华人民共和国国家统计局，中国统计年鉴，2005-2011 年。
2. 中华人民共和国 2011 年《国民经济和社会发展统计公报》。

南非

1. 年中人口为估算数据（P0302）
2. 劳动力调查（P0210）和季度劳动力调查（P0211）。

脚注：

巴西

(1) 不包括内朗多尼亚、阿克里、亚马孙、罗赖马、帕拉和阿马帕州的农村人口。

(2) 15 岁及 15 岁以上人口。

(3) 包括的行业：制造业，采矿和采掘业，电、气、水的供应业。

俄罗斯

(4) 采矿和采掘业，制造业和电、气、水的供应业，建筑业。

中国

(5) 就业人口数占总人口的比重。

(6) 2005 年以来的总就业人口数据根据第六次全国人口普查结果进行了修订。

表 4.2.1　经济活动人口——巴西[1]

指　标	单　位	2005	2006	2007	2008	2009
经济活动人口数[2]	**万人**	**9210.7**	**9340.9**	**9461.6**	**9661.4**	**9822.3**
按年龄划分的就业人口数[2]	万人	8344.1	8550.1	8689.6	8969.4	9002.4
15-24岁	%	21.6	20.8	20.2	19.6	18.8
25-59岁	%	72.0	72.5	73.1	73.4	74.3
60岁及以上	%	6.4	6.7	6.7	7.0	6.9
按行业划分的就业人口数[2]	万人	8344.1	8550.1	8689.6	8969.4	9002.4
农业、林业和渔业[2]	万人	1589.5	1545.2	1481.8	1467.0	1427.9
工业[2][3]	万人	1246.3	1272.4	1334.3	1367.8	1337.2
建筑业[2]	万人	553.6	571.2	595.3	678.3	680.2
贸易[2]	万人	1505.1	1523.5	1577.2	1575.9	1613.5
服务[2]	万人	3430.9	3618.7	3681.5	3861.3	3925.2
其他[2]	万人	18.7	19.2	19.3	19.1	18.5
失业人口数[2]	万人	866.6	790.8	772.1	692.0	819.9
城市失业人口数[2]	万人	821.7	746.1	729.0	654.7	773.3
失业率[2]	%	9.4	8.5	8.2	7.2	8.3
城市失业率[2]	%	10.7	9.5	9.1	8.0	9.2
25岁以下人口失业率	%	19.6	17.9	16.9	15.7	18.0

资料来源：

巴西国家地理与统计局，全国住户抽样调查，2001-2009 年。

脚注：

(1) 不包括朗多尼亚、阿克里、亚马孙、罗赖马、帕拉和阿马帕农村人口。

(2) 15 岁及 15 岁以上的人口。

(3) 工业活动：制造业，采矿和采掘业，电、气、水的供应业。

表 4.2.2 经济活动人口——俄罗斯

指标	单位	2005	2006	2007	2008	2009	2010	2011
经济活动人口数	**万人**	**7340**	**7420**	**7520**	**7580**	**7570**	**7540**	**7580**
按年龄划分的就业人口数	万人	6820	6890	7060	7100	6930	6980	7070
15–24岁	%	11.7	11.5	11.6	12.2	11.2	10.7	10.3
25–59岁	%	84.4	84.9	84.8	84.1	84.8	85.5	85.5
60岁及以上	%	3.9	3.6	3.6	3.7	4.0	3.8	4.2
按行业划分的就业人口数								
农业、林业和渔业	万人	690	690	630	610	580	550	560
工业（包括能源）	万人	1570	1570	1570	1510	1410	1430	1430
建筑业	万人	460	450	490	540	490	500	510
贸易	万人	1040	1060	1110	1080	1060	1090	1120
服务(1)	万人	3050	3120	3250	3350	3380	3410	3450
其他(2)	万人	3	2	2	5	3	2	3
失业人口数	万人	530	530	460	480	640	560	500
城市失业人数	万人	340	320	270	300	420	360	320
失业率	%	7.2	7.2	6.1	6.3	8.4	7.5	6.6
城市失业率	%	6.1	5.8	4.7	5.2	7.5	6.4	5.6
25岁以下人口失业率	%	15.7	16.5	14.5	14.1	18.6	17.2	15.5

资料来源：

俄罗斯联邦统计局：劳动力调查。

脚注：

(1) 包括：住宿和餐饮，交通运输和通信，金融活动，房地产，租赁和商业活动，公共行政和防务，社会保障，教育，卫生和社会工作，其他社区、社会及个人服务活动。

(2) 包括家庭活动和境外组织机构的活动。

表 4.2.3　经济活动人口——印度

指　标	单　位	2005年7月-2006年6月	2007年7月-2008年6月	2009年7月-2010年6月
按行业划分的就业人口				
农业	‰	539	573	532
工业(包括能源)				
采掘业	‰	7	5	6
制造业	‰	127	115	110
电、气、水的供应业	‰	4	3	3
建筑业	‰	57	64	96
服务业				
贸易、餐饮和住宿	‰	115	103	108
交通运输、仓储及通信业	‰	47	42	43
其他服务业	‰	105	95	105
按年龄分组的就业人口				
年龄组(10-14岁)	‰	63	44	37
年龄组(15-19岁)	‰	368	328	271
年龄组(20-24岁)	‰	609	573	524
年龄组(25-29岁)	‰	696	669	650
年龄组(30-34岁)	‰	723	715	677
年龄组(35-39岁)	‰	756	736	709
年龄组(40-44岁)	‰	748	734	720
年龄组(45-49岁)	‰	747	725	710
年龄组(50-54岁)	‰	728	702	705
年龄组(55-59岁)	‰	667	660	635
年龄组(60岁及以上)	‰	394	393	373

资料来源：

印度统计和计划执行部，全国抽样调查报告：印度就业和失业状况，2005 年 7 月-2006 年 6 月，2007 年 7 月-2008 年 6 月，2009 年 7 月-2010 年 6 月。

表 4.2.4　经济活动人口——中国

指　标	单　位	2005	2006	2007	2008	2009	2010	2011
就业人口数 [1]	**万人**	**74647**	**74978**	**75321**	**75564**	**75828**	**76105**	**76420**
按年龄划分的就业人口数 [1]								
16-24岁	%	12.8	12.4	11.9	12.1	12.4	14.3	
25-59岁	%	80.4	79.4	79.5	79.1	78.7	78.2	
60岁及以上	%	6.8	8.2	8.7	8.9	8.9	7.5	
按行业划分的就业人口数 [1]								
农业、林业和渔业	万人	33442	31941	30731	29923	28890	27931	
工业(包括能源和建筑业)	万人	17766	18894	20186	20553	21080	21842	
服务业	万人	23439	24143	24404	25087	25857	26332	
城镇登记失业人数	万人	840	850	830	890	920	910	920
城镇登记失业率	%	4.2	4.1	4.0	4.2	4.3	4.1	4.1

资料来源：

1. 中华人民共和国国家统计局，中国统计年鉴，2005-2011 年；中华人民共和国 2011 年《国民经济和社会发展统计公报》。
2. 中华人民共和国人力资源和社会保障部。

脚注：

（1）2005 年以来的总就业人口数据根据第六次全国人口普查的结果进行了修订。

表 4.2.5　　经济活动人口——南非

指　　标	单　位	2005	2006	2007	2008	2009	2010
经济活动人口数	**万人**	**1680**	**1730**	**1730**	**1800**	**1770**	**1740**
按年龄划分的就业人口数	万人	1280	1340	1350	1390	1350	1310
15-24岁	%	11.3	11.6	11.4	12.0	11.0	10.0
25-59岁	%	86.0	85.5	85.8	85.4	86.4	87.4
60-64岁	%	2.7	2.9	2.8	2.6	2.6	2.6
按行业划分的就业人口数							
农业、林业和渔业	万人	70	90	70	80	70	50
工业(包括能源)	万人	10	10	10	10	10	10
建筑业	万人	90	100	110	120	110	110
贸易业	万人	320	350	330	320	300	290
服务业	万人	230	240	250	260	270	270
其他行业	万人	550	560	580	600	590	560
失业人口数	万人	400	390	390	410	420	430
失业率	%	23.8	22.6	22.3	22.9	23.9	24.9
25岁以下人口失业率(15-24岁)	%	48.3	46.7	46.5	45.5	48.2	50.5

资料来源：

劳动力调查（P0210）和季度劳动力调查（P0211）。

主要统计指标解释：

通用解释：

经济活动人口（劳动力） 指在一定时期内那些正在从事某项工作（就业人员）、正在寻找工作或随时准备工作（失业人员）的人员。

失业率（UR） 为每1000个劳动力中的失业人数，劳动力包括就业人员和失业人员。

就业人员 指从事经济活动的人员，或不管从事何种经济活动但因为生病、受伤或其他身体伤残、恶劣天气、节日、社会或宗教活动以及其他原因造成暂时离岗的人员都称之为就业人员。那些在经济活动中，例如在家庭农场和非农场帮助人事无偿劳动者也被称为就业人员。

经济活动状况、劳动力、就业和失业 指的是一个人在一段特定的时期内参与经济活动和非经济活动的状况。根据这个定义，一个人在一段时期内可以处于以下三种广义活动状态中的一种或者处于混合状态中：一是从事某种经济活动（工作状态）；二是目前没有从事经济活动，但正积极寻找工作，或者一旦有工作可以立即工作；三是没有从事经济活动，并且不准备投身到某项工作中。以上提及的前两种广义状态属于"劳动力"的范畴，即分别属于劳动力概念中"就业人员"和"失业人员"，而最后一种状态则属于"非劳动力"的范畴。

国家解释

巴西

参照周 是指每年9月份最后一个完整周。

工作 以下几种经济活动状态被认为处于工作状态：

（1）以现金、产品、货物或福利（包括住房、食品、服装等）支付报酬的从事货物和服务生产的职业。

（2）以现金或福利（包括住房、食品和服装等）支付报酬的从事国内服务的职业。

（3）每周至少工作1个小时、无报酬的、从事货物和服务生产的职业，包括：

- 对从事初级产品（包括农、林、畜、植物萃取、采矿、狩猎、捕鱼和渔业养殖）有工作者、独自核算或者从事其他任何经济活动雇主的家庭成员进行帮助。
- 在宗教、慈善或合作机构帮忙。
- 学徒或实习生。

（4）每周至少工作1小时的职业：

—为自己消费或至少1个家庭成员消费而从事的农、林、畜、植物萃取、捕鱼和渔业养殖业的货物生产。

—为自己使用或至少1个家庭成员使用的建筑物，私人道路，并和其他设施改良（不包括单单从事的修理工作）的建筑工作。

就业人员 是指在整个参考周或参考周部分时间从事了工作的人员，包括在参考周由于休假、事假或者罢工等原因而没有从事有偿工作的人员。

失业人员 是指在参考周已经设法寻找工作（包括与雇主联系、登记参加政府职位的官方考试、在就业机构或工会或类似机构进行了登记、发布或应征了求职广告、向亲属或朋友或同事寻求了帮助、采取了行动开设企业等等）但还是没有工作的人员。

印度

印度全国抽样调查队（NSSO）在全国和各州开展就业、失业和劳动力特征的调查。

参考日期 2004年7月-2005年6月，2005年7月-2006年6月，2007年7月-2008年6月，2009年7月-2010年6月。

寻找工作或可以随时工作的人（失业人员） 是指由于职位短缺没有从事工作，但是已经通过职业介绍所、中介机构、朋友或亲属寻找工作，或向雇主提出求职申请的人以及表达了就业的愿望或者在现有条件和报酬下可以随时工作的状态的人都被视为"正在寻找工作或随时准备工作的人"（或失业人员）。

通常次要经济活动状态 按照主要时间标准确定了通常主要活动状态的人，在调查日之前的365天或较短的时间里从事了相对来说花费时间更少一些的活动（不少于 30 天），这种经济活动就被称为这个人的次要经济活动状态。

包含主要活动状态和次要活动状态的通常活动状态　通常活动状态包含了通常主要活动状态和通常次要活动状态。通常活动状态 =（ps+ss）。按照通常活动状态（ps+ss）的定义，工人是指从事主要经济活动或次要经济活动的人，也就是说，一个不从事主要经济活动的人在调查日之前的 365 天里从事了 30 天及以上次要活动仍被视为工人。

PS：主要经济活动状态　　SS：次要经济活动状态

中国

就业人员　指在 16 周岁及以上，从事一定社会劳动并取得劳动报酬或经营收入的人员。这一指标反映了一定时期内全部劳动力资源的实际利用情况，是研究中国基本国情国力的重要指标。

城镇登记失业人员　指有非农业户口，在一定的劳动年龄内（16 周岁至退休年龄），有劳动能力，无业而要求就业，并在当地就业服务机构进行求职登记的人员。

城镇登记失业率　指城镇登记失业人员与城镇单位就业人员（扣除使用的农村劳动力、聘用的离退休人员、港澳台及外方人员）、城镇单位中的不在岗职工、城镇私营业主、个体户主、城镇私营企业和个体就业人员、城镇登记失业人员之和的比。

第五章 国民经济核算

图 5.1(a) GDP和人均GDP（现价）

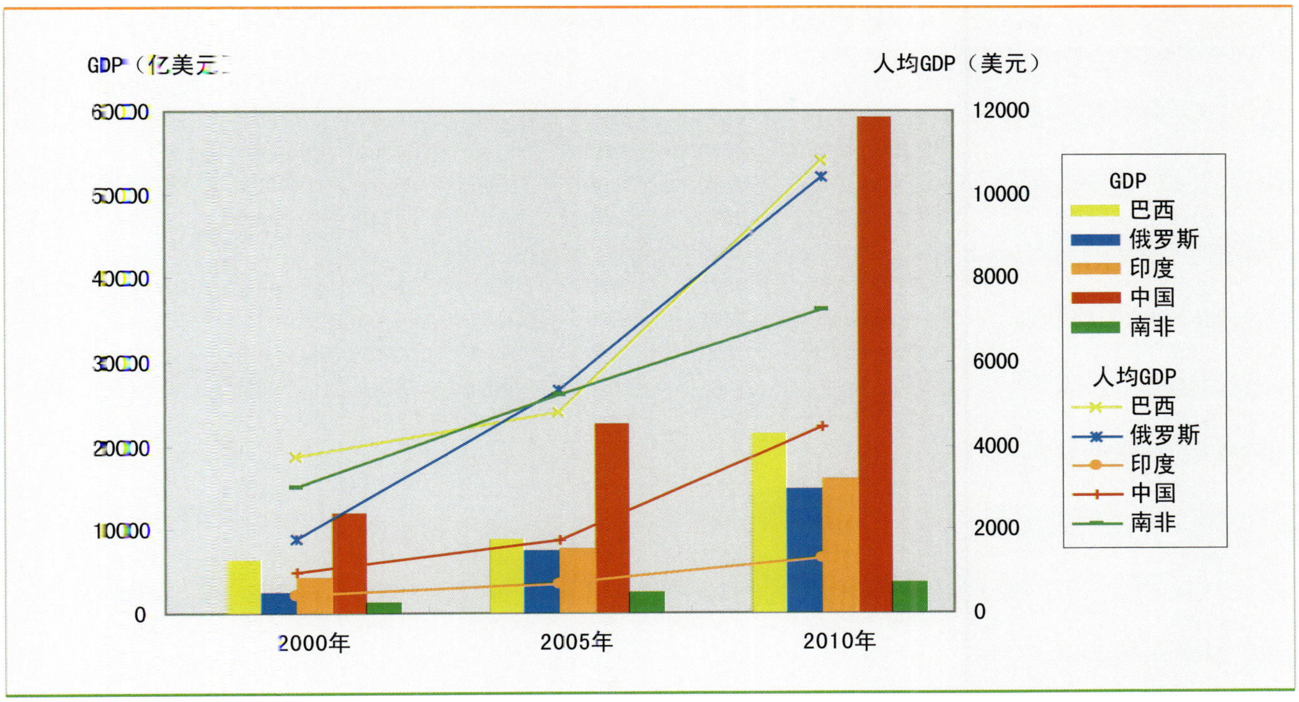

图 5.1(b) 三次产业占GDP的比重（2010年）

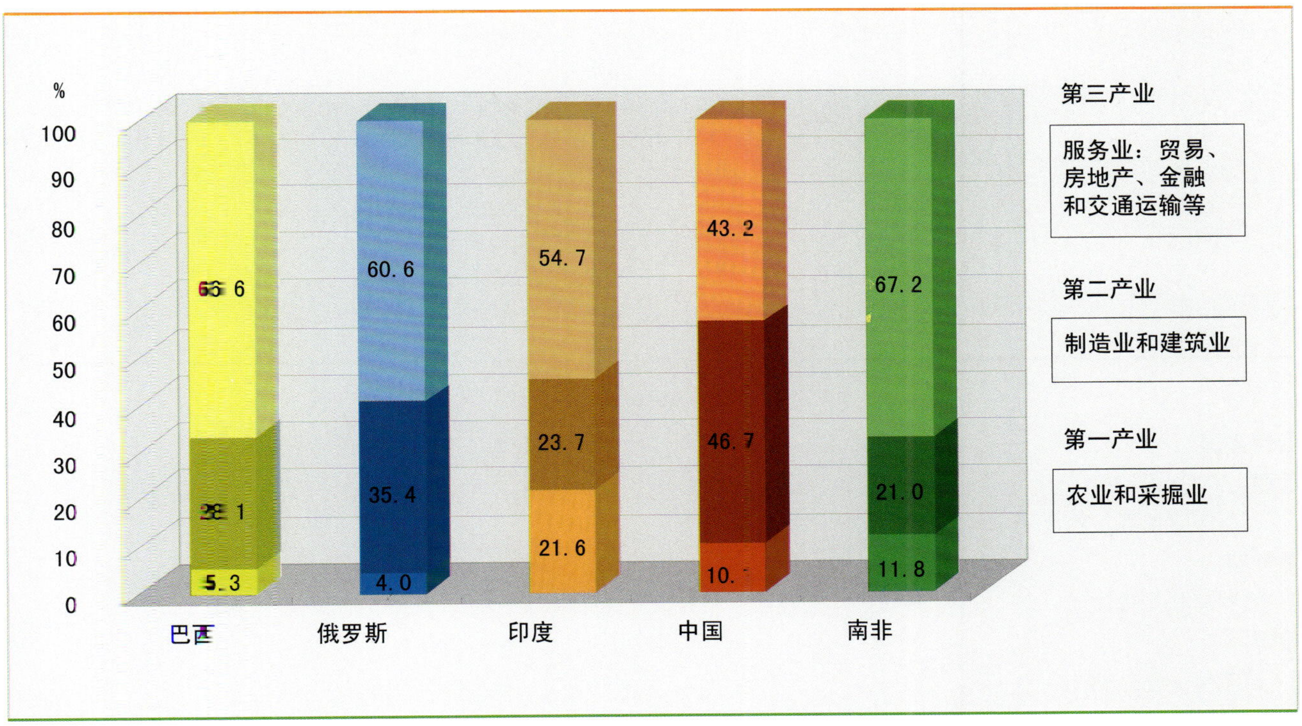

表 5.1　国民经济核算概况

指　标	单　位	2005	2006	2007	2008	2009	2010	2011
GDP(现价)								
巴西[1][2]	亿美元	8820	10890	13670	16480	16250	21430	24808
俄罗斯	亿美元	7640	9900	13000	16610	12230	14870	18500
印度[3][4]	亿美元	7660	8730	11390	11500	12930[6]	16030[7]	
中国[8][9][10]	亿美元	22580	27130	34960	45220	49910	59310	73010
南非	亿美元	2470	2610	2850	2740	2840	3640	3750
人均GDP(现价)								
巴西[1][2]	美元	4812	5867	7283	8690	8346	10812	12726
俄罗斯	美元	5339	6948	9145	11700	8616	10409	12945
印度[3][4]	美元	692	778	1000	997	1115[6]	1325[7]	
中国[8][10]	美元	1732	2070	2652	3414	3749	4434	5432
南非	美元	5215	5444	5886	5583	5727	7250	
GDP增长率(不变价)								
巴西[1][2]	%	3.2	4.0	6.1	5.2	-0.3	7.5	2.7
俄罗斯	%	6.4	8.2	8.5	5.2	-7.8	4.3	4.3
印度[3][4]	%	15.8	14.0	30.4	1.0	12.4	23.9	
中国[10]	%	11.3	12.7	14.2	9.6	9.2	10.4	9.2
南非	%	5.3	5.6	5.5	3.6	-1.5	2.9	3.1
第一产业占GDP的比重								
巴西[1][2]	%	5.7	5.5	5.6	5.9	5.6	5.3	5.5
俄罗斯	%	5.0	4.6	4.4	4.4	4.6	4.0	4.3
印度[3][5]	%	21.8	20.9	21.0	20.3	20.3	21.6	
中国[10]	%	12.1	11.1	10.8	10.7	10.3	10.1	10.1
南非	%	10.2	11.3	11.8	12.6	12.0	11.8	12.1
第二产业占GDP比重								
巴西[1][2]	%	29.3	28.8	27.8	27.9	26.8	28.1	27.5
俄罗斯	%	38.0	37.2	36.4	35.9	33.7	35.4	37.2
印度[3][5]	%	25.3	26.2	26.3	25.6	24.5	23.7	
中国[10]	%	47.4	47.9	47.3	47.4	46.2	46.7	46.8
南非	%	23.6	22.7	22.5	22.6	22.0	21.0	20.8
第三产业占GDP比重								
巴西[1][2]	%	65.0	65.8	66.6	66.2	67.5	66.6	67.0
俄罗斯	%	57.0	58.2	59.2	59.7	61.7	60.6	58.5
印度[3][5]	%	52.9	52.9	52.7	54.2	55.3	54.7	
中国[10]	%	40.5	40.9	41.9	41.8	43.4	43.2	43.1
南非	%	66.2	66.0	65.7	64.8	66.0	67.2	67.0

资料来源：

巴西

巴西国家地理与统计局，国民核算体系，2000-2010 年。

俄罗斯

俄罗斯联邦统计局。

印度

印度中央统计局。

中国

中华人民共和国国家统计局，中国国民核算制度；中华人民共和国 2011 年《国民经济和社会发展统计公报》。

南非

南非国家统计局和南非储备银行。

脚注：

巴西

(1) 2009 年至 2011 年数据由季度数据汇总。

(2) 2009 年至 2011 年数据为初步数据。

印度

(3) 为财政年度数据，即当年 4 月 1 日至下年的 3 月 31 日。

(4) 按现价计算。

(5) 2004/05 年及之后的数据以 2004/05 年价格为基期。

(6) 2009 年数据为初步数据。

(7) 2010 年数据为快报数。

中国

(8) 按美元计算的 GDP 和人均 GDP 利用表 15.1 中的年平均汇率进行折算。

(9) GDP 按生产者价格计算。

(10) 2011 年为初步数据。

表 5.2.1　国民经济核算——巴西

指　标	单　位	2005	2006	2007	2008	2009	2010[1][2]	2011[1][2]
GDP(现价)	亿雷亚尔	21472	23695	26613	30319	32390	37700	41430
GDP物量指数(上年=100)		103.2	104.0	106.1	105.2	99.7	107.5	102.7
GDP缩减指数(上年=100)		107.2	106.1	105.9	108.3	107.2	108.2	107.0
人均GDP增长率	%	1.9	2.7	4.9	4.1	-1.3	6.5	1.8
固定资本形成总额指数(上年=100)		103.6	109.8	113.9	113.6	93.3	121.3	104.7
生产法GDP及其构成项[3]	亿雷亚尔	21472	23695	26613	30319	32390	37700	41430
第一产业	亿雷亚尔	1052	1116	1273	1530	1570	1710	1930
第二产业	亿雷亚尔	5393	5850	6363	7200	7500	9060	9720
第三产业	亿雷亚尔	11978	13379	15243	17079	18870	21500	23660
产品税净额	亿雷亚尔	3050	3351	3735	4518	4450	5430	6120
支出法GDP及其构成项[3]	亿雷亚尔	21472	23695	26613	30319	32390	37700	41430
最终消费支出	亿雷亚尔	17218	19037	21331	23989	26670	30460	33560
固定资本形成总额	亿雷亚尔	3422	3893	4641	5795	5850	7340	7990
库存变动	亿雷亚尔	57	77	236	476	-70	290	190
货物和服务净出口	亿雷亚尔	775	688	405	58	-50	-390	-300
最终消费率	%	80.2	80.3	80.2	79.1	82.3	80.8	81.0
总资本形成率	%	16.2	16.8	18.3	20.7	17.8	20.2	19.7

资料来源：

巴西国家地理与统计局，国民经济核算体系，2005-2011 年。

脚注：

(1) 2010 年和 2011 年国内生产总值数据来源于季度核算。

(2) 2010 年和 2011 年数据为初步数据。

(3) 按现价计算。

表 5.2.2　国民经济核算——俄罗斯

指　标	单　位	2005	2006	2007	2008	2009	2010	2011
GDP(现价)	亿卢布	216100	269170	332480	412768	388087	451660	543691
GDP物量指数(上年=100)		106.4	108.2	108.5	105.2	92.2	104.3	104.3
GDP缩减指数(上年=100)		119.3	115.2	113.8	118.0	102.0	111.6	115.4
人均GDP指数（上年=100）		106.9	108.6	108.8	105.4	92.2	103.5	104.3
固定资本形成总额指数(上年=100)		110.6	118.0	121.0	110.6	85.6	105.8	106.0
生产法GDP及其构成项(1)	亿卢布	185180	229770	284850	351827	338329	388644	460940
第一产业	亿卢布	9200	10390	12560	15493	15850	15548	19719
第二产业	亿卢布	70510	85540	103810	127079	113810	137549	171186
第三产业	亿卢布	105470	133840	168480	209255	208669	235547	270035
支出法GDP及其构成项								
最终消费支出	亿卢布	144380	178100	219690	275435	292696	320709	370358
固定资本形成总额	亿卢布	38370	49810	69800	92008	85357	98292	113980
库存变动	亿卢布	5020	7180	10540	13253	-11909	4645	24506
货物和服务净出口	亿卢布	29590	34260	28670	38126	28877	37161	47371
最终消费率	%	66.3	66.1	66.8	65.9	74.1	69.5	66.5
资本形成率	%	20.1	21.2	24.4	22.0	21.7	21.4	20.6

资料来源：

俄罗斯联邦统计局。

脚注：

(1) 以基本价格计算的按经济活动划分的增加值总额。

表 5.2.3 国民经济核算——印度

指　　标	单　位	2004/05	2005/06	2006/07	2007/08	2008/09[2]	2009/10[3]
私人最终消费支出	亿卢比	191750	215260	247640	284040	325780	378200
政府最终消费支出	亿卢比	35452	40162	44348	51302	61643	78544
私人最终消费支出价格指数[1]	2004/05=100	100	103.4	109.9	115.4	122.8	132.9
政府最终消费支出价格指数[1]	2004/05=100	100	103.6	109.1	114.7	123.2	129.3
私人最终消费支出物量指数[1]	2004/05=100	100	108.4	117.6	128.3	138.1	148.4
政府最终消费支出物量指数[1]	2004/05=100	100	108.9	112.9	123.6	136.9	159.3
固定资本形成总额	亿卢比	93103	112029	134377	164152	178880	201619
固定资本形成总额价格指数[1]	2004/05=100	100	103.6	109.1	114.7	123.2	129.3
固定资本形成总额物量指数[1]	2004/05=100	100	116.2	132.2	153.7	156.0	167.5
国内储蓄总额	亿卢比	73081	87158	106743	135294	123506	155175

资料来源：

印度统计和计划执行部中央统计局。

脚注：

(1) 2004/05 年及以后年份的数据以 2004/05 年为100。

(2) 初步数据。

(3) 快报数据。

表 5.2.4　国民经济核算——中国

指　标	单　位	2005	2006	2007	2008	2009	2010	2011[1]
GDP(现价)	亿人民币	184940	216310	265810	314050	340900	401510	471560
国民总收入(现价)[4]	亿美元	22415	27081	35036	45395	49978	59570	
GDP物量指数(不变价，上年=100)		111.3	112.7	114.2	109.6	109.2	110.4	109.2
人均GDP增长率	%	10.7	12.0	13.6	9.1	8.7	9.9	8.7
生产法GDP及其构成项[2]	亿人民币	184940	216310	265810	314050	340900	401510	471560
第一产业	亿人民币	22420	24040	28630	33700	35230	40530	47710
第二产业	亿人民币	87600	103720	125830	149000	157640	187380	220590
工业	亿人民币	77230	91310	110530	130260	135240	160720	188570
建筑业	亿人民币	10370	12410	15300	18740	22400	26660	32020
第三产业	亿人民币	74920	88550	111350	131340	148040	173600	203260
交通运输、仓储和邮政业	亿人民币	10670	12180	14600	16360	16730	19130	21800
批发和零售业	亿人民币	13970	16530	20940	26180	28980	35750	43620
住宿和餐饮业	亿人民币	4200	4790	5550	6620	7120	8070	9290
金融业	亿人民币	6090	8100	12340	14860	17770	20980	24080
房地产业	亿人民币	8520	10370	13810	14740	18650	22780	26370
其他	亿人民币	31490	36580	44120	52580	58790	66890	78090
支出法GDP及其构成项[3]	亿人民币	187130	222240	265830	314900	346320	402930	465470
最终消费支出	亿人民币	99050	112630	131510	152350	166820	193610	224170
固定资本形成总额	亿人民币	74230	87950	103950	128080	156680	183620	215200
存货增加	亿人民币	3620	5000	6990	10240	7780	9990	13910
货物和服务净出口	亿人民币	10220	16650	23380	24230	15030	15710	12200
最终消费率	%	52.9	50.7	49.5	48.4	48.2	48.1	48.2
资本形成率	%	41.6	41.8	41.7	43.9	47.5	48.0	49.2

资料来源：

中华人民共和国国家统计局，中国国民核算制度；2011 年《中国国民经济和社会发展统计公报》。

脚注：

(1) 2011 年为初步数据。

(2) 生产法 GDP 各构成项按生产者价格计算。

(3) 2009 年和 2010 年支出法 GDP 各构成项为初步核算数。

(4) 按美元计算的国民总收入利用表 15.1 中的年平均汇率进行折算。

表 5.2.5 国民经济核算——南非

指标	单位	2005	2006	2007	2008	2009	2010	2011[1]
GDP(现价)	亿兰特	15710	17670	20160	22630	23980	26610	29640
GDP物量指数(2005年=100)		100.0	105.6	111.5	115.5	113.7	117.0	120.7
GDP缩减指数(2005年=100)		100.0	106.5	115.1	124.7	134.2	144.8	156.4
人均GDP增长率	%	3.9	4.2	4.3	2.4	-2.7	1.5	1.5
固定资本形成总额指数(2005年=100)		100.0	112.1	127.8	145.8	142.6		
生产法GDP及其构成项	亿兰特	15710	17670	20160	22630	23980	26610	29640
第一产业[2]	亿兰特	1430	1780	2110	2570	2600	2860	3240
第二产业[3]	亿兰特	3310	3580	4030	4590	4790	5070	5570
第三产业[4]	亿兰特	9270	10370	11780	13170	14360	16200	17890
支出法GDP及其构成项	亿兰特	15710	17670	20160	22630	23980	26610	29640
最终消费支出	亿兰特	12970	14640	16450	18270	19620		
固定资本形成总额	亿兰特	2640	3240	4060	5250	5320		
库存变动	亿兰特	180	240	220	-120	-620		
货物和服务净出口	亿兰特	-70	-430	-550	-690	-210		
最终消费率	%	82.5	82.8	81.6	80.3	81.9		
资本形成率	%	18.0	19.7	21.2	22.5	19.6		

资料来源：

南非国家统计局和南非储备银行。

脚注：

(1) 基期为 2005 年=100。

(2) 第一产业包括农业、林业和采掘业。

(3) 第二产业包括制造业，电、气、水的生产和供应业，建筑业。

(4) 第三产业包括批发，零售和汽车贸易业，住宿和餐饮，运输、仓储和通信，金融，房地产，商务服务业，政府服务和个人服务业。

主要统计指标解释：

通用解释：

国内生产总值　国家产出是指一个国家或地区在一定时期内所生产的全部商品和服务的货币价值量，不可重复计算。由于商品和服务均有不同的测算单位，所以不能直接相加，只能价值量测算。在封闭的经济体，这些价值之和等于国内产出（即国内生产总值）。

国民总收入（GNI）　一国不是封闭经济体，与其他国家有出口、进口和借贷关系，这就产生了国民和国家的概念。

GDP　指标是该国境内所有常住单位的生产总值，这与印度常住单位所有的生产性活动的生产总值概念不完全相同，这是因为有些常住单位的生产性活动可能发生在国外。相反，一些在国境内的生产活动有可能来自外籍劳工的临时性或季节性劳动。

GNI= GDP- 本国居民从国外获得的报酬和财产性收入 - 外国居民从国内获得的报酬和财产性收入

家庭消费支出　指国民经济核算统计（NAS）中的私人最终消费支出（PFCE），包括家庭（包括含非营利机构）非耐用消费品和服务支出以及不包括土地和建筑物在内的所有其他耐用品的支出。

政府最终消费支出　包括员工报酬、政府在国内外采购货物和服务的支出。政府的雇员报酬包括工资、薪金和社会保障缴款。

第一产业　包括农业、林业、畜牧业、渔业和矿业。

第二产业　包括制造业，电、气、水的生产和供应业，建筑业。

第三产业　为国家经济中除第一、第二产业之外的产业。

国家解释

俄罗斯

以市场价格计算的国内生产总值（GDP）　为一个国家所有生产单位的生产活动成果。GDP 核算可采取以下三种方法：生产法、支出法和收入法。生产法 GDP 为全国货物和服务的总产出与中间消耗之间的差额，也就是各行业的增加值总和。支出法 GDP 为全国所有机构单位支出的总和，即最终消费支出、资本形成总额和净出口。收入法 GDP 为全国按行业划分的所有机构单位生产过程中累积的一次收入总和。

最终消费支出　包括住户最终消费支出、政府部门在个人货物和服务以及集体服务方面的支出、为住户服务的非营利机构货物和服务的最终消费支出。

资本形成总额　为常住单位当期生产或进口的、但不用于当期消费的货物和服务的净购买。资本形成总额包括固定资本形成总额、库存变动以及贵重物品的净购买额。

货物和服务净出口　为出口与进口之间的差额，包括俄罗斯与其他国家之间的贸易量。

印度

不变价 GDP　指数衡量国内生产总值的变化。不变价 GDP 将现价 GDP 固定在基期的价格上。在剔除价格变化因素后，两个不同时期的 GDP 可以进行比较，以反映产出和生产活动的变化。

中国

国内生产总值（GDP）　指按市场价格计算的一个国家（或地区）所有常住单位在一定时期内生产活动的最终成果。在实际核算中，国内生产总值有三种计算方法，即生产法、收入法和支出法。三种方法分别从不同的方面反映国内生产总值及其构成。

人均 GDP＝GDP/年平均人口。

中国的三次产业　划分为：第一产业是指农业、林业、畜牧业、渔业和农林牧渔服务业；第二产业是指采矿业，制造业，电力、煤气及水的生产和供应业，建筑业；第三产业是指除第一、二产业以外的其他行业。

GDP 物量指数　是用来衡量不变价 GDP 的变动。不变价 GDP 是把按当期价格计算的 GDP 换算成按某个固定期（基期）价格计算的价值，从而使两个不同时期的价值进行比较时，能够剔除价格变化的影响，以反映物量变化，反映生产活动成果的实际变动。

支出法国内生产总值 是从最终使用的角度反映一个国家（或地区）一定时期内生产活动最终成果的一种方法。包括最终消费支出、资本形成总额及货物和服务净出口三部分。计算公式为：支出法国内生产总值 = 最终消费支出 + 资本形成总额 + 货物和服务净出口。

最终消费支出 指常住单位为满足物质、文化和精神生活的需要，从本国经济领土和国外购买的货物和服务的支出。它不包括非常住单位在本国经济领土内的消费支出。最终消费支出分为居民消费支出和政府消费支出。

固定资本形成总额 指常住单位在一定时期内获得的固定资产减处置的固定资产的价值总额。固定资产是通过生产活动生产出来的，且其使用年限在一年以上、单位价值在规定标准以上的资产，不包括自然资产。可分为有形固定资本形成总额和无形固定资本形成总额。有形固定资本形成总额包括一定时期内完成的建筑工程、安装工程和设备工器具购置（减处置）价值，以及土地改良、新增役、种、奶、毛、娱乐用牲畜和新增经济林木价值。无形固定资本形成总额包括矿藏的勘探、计算机软件等获得减处置。

存货增加 指常住单位在一定时期内存货实物量变动的市场价值，即期末价值减期初价值的差额，再扣除当期由于价格变动而产生的持有收益。存货增加可以是正值，也可以是负值，正值表示存货上升，负值表示存货下降。存货包括生产单位购进的原材料、燃料和储备物资等存货，以及生产单位生产的产成品、在制品和半成品等存货。

货物和服务净出口 指货物和服务出口减货物和服务进口的差额。出口包括常住单位向非常住单位出售或无偿转让的各种货物和服务的价值；进口包括常住单位从非常住单位购买或无偿得到的各种货物和服务的价值。由于服务活动的提供与使用同时发生，一般把常住单位从非常住单位得到的服务作为进口，非常住单位从常住单位得到的服务作为出口。货物的出口和进口都按离岸价格计算。

最终消费率 指最终消费支出占支出法国内生产总值的比重

资本形成率 指资本形成总额占支出法国内生产总值的比重。

南非

第一产业 包括农业、林业、畜牧业、渔业和采矿业。

第二产业 是指制造业，电、气、水的供应业和建筑业。

第三产业 是指其他国民经济行业。

第六章 价格指数

图 6.1　CIP同比上涨率

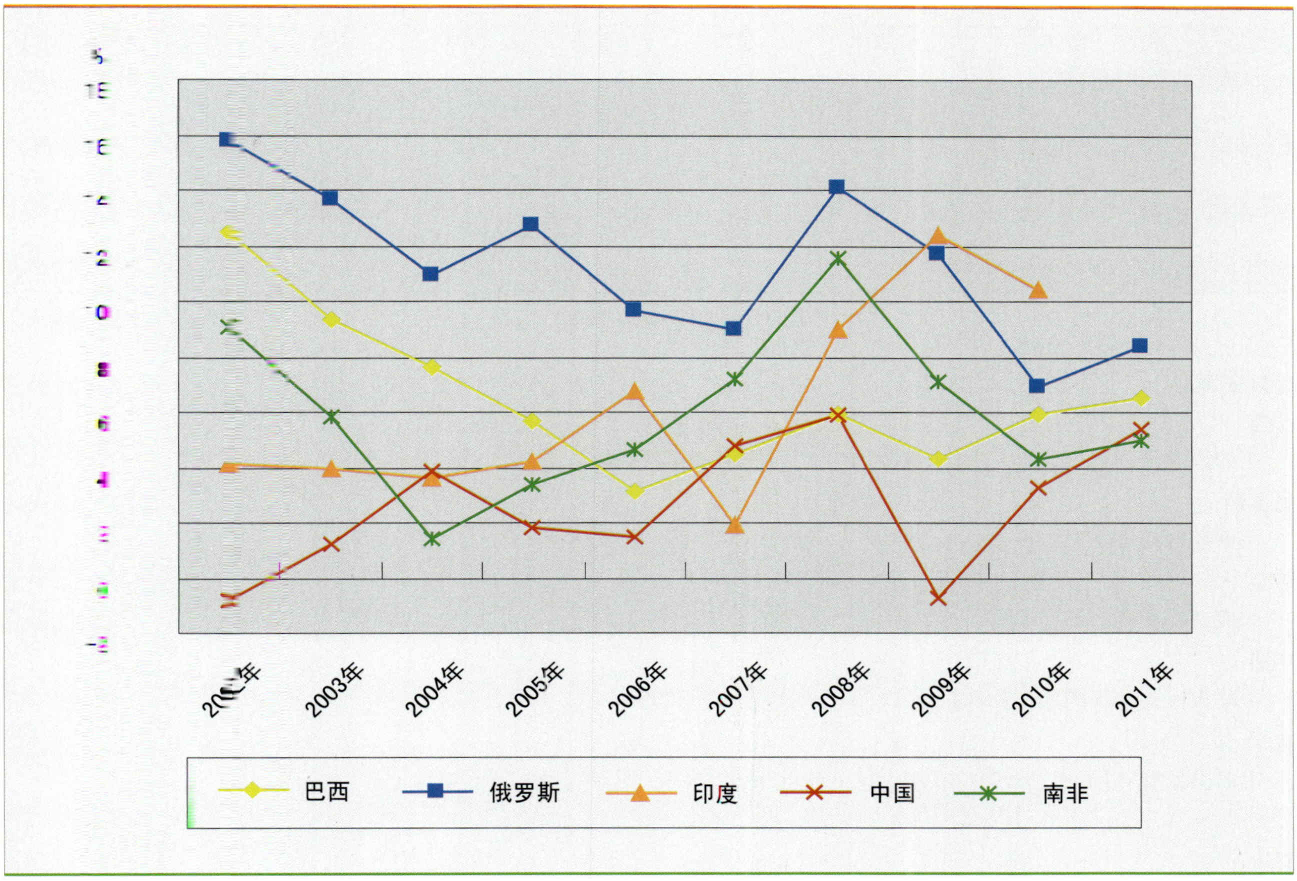

注:CPI测量居民为消费而购买的一篮子商品和服务支付的价格的变动，反映国内居民为消费而支付的零售价格的变动。

表 6.1 价格指数概况

单位：%

指标	2005	2006	2007	2008	2009	2010	2011
居民消费价格指数							
(比上年上涨)							
巴西	5.7	3.1	4.5	5.9	4.3	5.9	6.5
俄罗斯	12.7	9.7	9.0	14.1	11.7	6.9	8.4
印度[1][2]	4.2	6.8	1.9	9.0	12.4	10.4	
中国	1.8	1.5	4.8	5.9	-0.7	3.3	5.4
南非	3.4	4.6	7.2	11.5	7.1	4.3	5.0

资料来源：

巴西

巴西国家地理与统计局，2005-2011 年全国居民消费价格指数。

俄罗斯

俄罗斯联邦统计局。

印度

印度劳动和就业部劳动局。

中国

中华人民共和国国家统计局。

南非

南非国家统计局。

脚注：

印度

(1) 产业工人消费者价格指数：2004/05 年和 2005/06 年价格上涨率是以 1982 年=100 的指数序列为基础计算得到的，而 2007/08 年和 2008/09 年价格上涨率是以 2006 年 1 月 =100 的新指数序列为基础计算得到。

(2) 为财政年度数据，即当年 4 月 1 日至下年的 3 月 31 日。

表 6.2.1　价格指数——巴西

指　标	2005	2006	2007	2008	2009	2010	2011
消费价格指数(总指数，上年=100)	105.7	103.1	104.5	105.9	104.3	105.9	106.5
城市居民消费价格指数	105.7	103.1	104.5	105.9	104.3	105.9	106.5
按构成项划分的居民消费价格指数(上年=100)	105.7	103.1	104.5	105.9	104.3	105.9	106.5
食品和饮料	102.0	101.2	110.8	111.1	103.2	110.4	107.2
住房	106.4	103.1	101.8	105.1	105.7	105.0	106.8
住房租金	102.6	103.2	104.5	106.9	106.6	107.4	111.0
燃料(国内)	100.4	107.3	100.5	103.3	113.0	102.1	102.6
住宅供电	108.0	100.3	93.8	101.1	104.7	103.1	104.0
家居用品	102.7	97.3	97.5	102.0	103.0	103.5	100.0
服装	107.1	105.1	103.8	107.3	106.1	107.5	108.3
交通	108.1	103.0	102.1	102.3	102.4	102.4	106.1
健康和个人护理	106.2	106.0	104.5	105.7	105.4	105.1	106.3
个人支出	107.0	107.2	106.5	107.4	108.0	107.4	108.6
教育	107.2	106.3	104.2	104.6	106.1	106.2	108.1
通讯	106.5	99.8	100.7	101.8	101.1	100.9	101.5

资料来源：

巴西国家地理与统计局，2000-2011 年全国消费价格指数。

表 6.2.2　价格指数——俄罗斯

指　标	2005	2006	2007	2008	2009	2010	2011
消费价格指数(总指数，上年=100)	112.7	109.7	109.0	114.1	111.7	106.9	108.4
按构成项划分的消费价格指数(上年=100)	112.7	109.7	109.0	114.1	111.7	106.9	108.4
食品[1]	112.7	109.3	109.0	119.0	111.6	106.9	110.3
非食品商品	106.6	106.3	105.9	108.3	109.6	105.6	106.4
服务	122.3	115.3	113.5	114.6	114.5	108.3	108.6
住房	137.8	120.1	113.0	113.9	114.6	108.3	109.5
公用事业	132.9	119.8	115.3	116.6	122.3	116.0	113.1
生产者价格指数(上年=100)							
农产品	109.6	104.3	118.2	126.7	97.1	106.5	118.6
工业品[2]	118.2	112.4	112.2	121.7	95.7	114.9	117.3

资料来源：

俄罗斯联邦统计局。

脚注：

(1) 包括含酒精饮料。

(2) 总指数包括采掘业，制造业，电、气、水的生产和供应业。

表 6.2.3　价格指数——印度

指　标	2005/06	2006/07	2007/08	2008/09	2009/10	2010/11
按经济活动划分的生产者价格指数(1)						
所有商品（1+2+3）	104.3	109.6	108.4	111.0	112.7	117.8
1.初级产品	113.6	106.5	100.1	111.5	97.9	112.3
2.燃料、动力、照明和润滑油	102.3	105.6	104.9	106.1	102.4	105.7
3.制成品	104.5	109.5	101.9	108.1	103.8	109.6

资料来源：

印度劳动和就业部劳动局。

脚注：

（1）2005/06 年及以后的数据以 2004/05 年为基期（2004/05=100）。

表 6.2.4 价格指数——中国

指标	2005	2006	2007	2008	2009	2010	2011
居民消费价格指数(总指数，上年=100)	101.8	101.5	104.8	105.9	99.3	103.3	105.4
城镇居民消费价格指数	101.6	101.5	104.5	105.6	99.1	103.2	105.3
农村居民消费价格指数	102.2	101.5	105.4	106.5	99.7	103.6	105.8
按构成项划分的居民消费价格指数(上年=100)							
食品	102.9	102.3	112.3	114.3	100.7	107.2	111.8
烟酒及用品	100.4	100.6	101.7	102.9	101.5	101.6	102.8
衣着	98.3	99.4	99.4	98.5	98.0	99.0	102.1
服装	98.1	99.0	99.4	98.3	97.8	99.1	102.4
家庭设备用品及维修服务	99.9	101.2	101.9	102.8	100.2	100.0	102.4
医疗保健和个人用品	99.9	101.1	102.1	102.9	101.2	103.2	103.4
交通和通信	99.0	99.9	99.1	99.1	97.6	99.6	100.5
娱乐教育文化用品及服务	102.2	99.5	99.0	99.3	99.3	100.6	100.4
居住类价格指数	105.4	104.6	104.5	105.5	96.4	104.5	105.3
租金指数	101.9	102.7	104.2	103.5	101.6	104.9	105.3
电力价格指数	101.9	101.7	102.1	100.0	100.0	100.0	99.9
天然气和其他燃料价格指数	103.1	104.5	102.4	101.6	102.8	102.8	104.2
生产者价格指数							
按供应分类							
工业品(1)	104.9	103.0	103.1	106.9	94.6	105.5	106.0
农产品(2)	101.1	100.1	113.3	114.4	96.0	105.0	110.6
按加工过程分类							
原材料(3)	108.3	106.0	104.4	110.5	92.1	109.6	109.1

资料来源：

中华人民共和国国家统计局。

脚注：

(1) 工业品生产者价格指数是指工业品出厂价格指数。

(2) 农产品价格指数是指农副食品加工业价格指数。

(3) 原材料价格指数是指原材料、燃料和动力购进价格指数。

表 6.2.5 价格指数——南非[1]

指标	2005	2006	2007	2008	2009	2010	2011
消费价格指数总指数[2]	80.1	83.8	89.8	100.0	107.1	111.7	117.3
城市居民消费价格指数	80.1	83.8	89.8	100.0	107.1	111.7	117.3
农村居民消费价格指数[3]	78.4	82.2	88.6	100.0	107.7	111.0	117.0
按构成项划分的消费价格指数(2008年=100)							
居住指数[4]	82.2	85.7	94.0	100.0	107.9	115.0	122.7
食品指数[5]	72.5	77.3	85.4	100.0	109.2	110.1	118.1
电力[6]	76.7	80.0	86.3	100.0	127.1	153.8	181.7
天然气和其他燃料指数[7]							
服装指数	104.2	97.7	90.8	100.0	105.2	107.2	110.1
租金指数	92.9	94.6	98.0	100.0	106.1	111.4	117.4
生产者价格指数(2000年=100)							
按供应来源划分							
国内供应	132.4	142.6	158.2	180.9	180.8	191.7	
农产品	120.4	142.6	176.5	188.0	189.7	187.0	

资料来源：

南非国家统计局

脚注：

(1) 2008 年之前的所有构成项指数为非官方数据。用来计算连续时间序列的链接因子包括：

消费价格指数（总指数，上年 =100）

城市居民消费价格指数

农村居民消费价格指数

住房指数

食品指数

电力指数

服装指数

租金指数

(2) 基准年：2008 年=100。

(3) 2005 年至 2008 年总指数覆盖范围为主要地区，现在则覆盖主要和次要地区。

(4) 包括所有居住类指数，即房租、自有住房虚拟房租，公用事业费和维护费，但 2005-2007 年不包括电费。从 2008 年起，自有住房的计算方法有所改变。

(5) 只包括食品（不包括非酒精饮料）。

(6) 包括电费和其他固体、液体燃料费用。

(7) 包含在电费和其他燃料费用内。

主要统计指标解释：

通用解释：

零售价格 是指消费者为每特定单位销售量支付的货币，含所有税收支出但不包括所有让利和折扣。

消费者价格指数（CPI） 是指消费者在一定时期内购买非生产性消费的商品和服务的零售价格变动情况。它是用来测算当前一个固定篮子的商品和服务的价格相对于基期价格的比率。CPI 按月计算，是通过观察零售贸易和服务单位以及商品市场、混合市场和食品市场价格的变化以及上一年份住户消费支出结构数据计算的。

生产者价格指数 在交易的早期阶段一般是指大宗交易。与大宗交易相关的生产者价格有多种叫法，例如农业收获价格、批发价格、收购价格、保障性价格、管制价格、进口价格、远期价格等等。批发价格指数与生产者价格早期阶段的交易价格大致一致。

国家解释：

巴西

巴西国家地理与统计局（IBGE）是巴西负责计算扩展的**全国消费价格指数（IPCA）**的政府机构。IPCA 是巴西主要的度量通货膨胀的官方指标，并被巴西中央银行用于监测通货膨胀目标体系。IPCA 每月发布，它反映了城市家庭情况。这些家庭的月收入在最低工资的 1-40 倍之间变动。IPCA 的覆盖范围包括巴西最大的 11 个地区，代表了巴西 32% 的城市人口。

俄罗斯

消费价格指数（CPI） 测算了消费者为了非生产的消费目的而在一定时间内购买的货物和服务的价格变动情况，即固定篮子内主要货物和服务以当前价格计算的价值与基期价格相比的变动情况。CPI 在收集统计数据的基础上按月计算，方法为基于上一年住户的实际消费支出结构数据所观察的零售贸易、服务机构以及食品和非食品等的商品和服务价格的变动。CPI 计算城市人口的消费价格，但适用于全体人口的消费情况。

生产者价格指数（PPI） 通过计算调查中覆盖的 8000 个主要单位所生产的代表性工业品的价格情况。平均价格和价格指数调查的代表规格品超过了 800 种（2010 年起为 1000 种）。产品价格为在国内市场销售的工业品的实际价格（不包括间接税）。PPI 的计算是通过型号、种类、类别、经济活动部门逐级汇总的。基期的以价值量计算的生产数据被用作权重。

印度

产业工人的消费价格指数 指产业工人在一定时间内消费的一篮子固定商品和服务所支付的价格的变化。该指数被一些部门用来调整千千万万个雇员和工人的工资和物价津贴，同时也被用作全国的零售价格指数用于测算通货膨胀率，制定工资和利率政策。印度劳动和就业部下属的劳动局自 1946 年开始编制并发布产业工人消费价格指数。

该指数序列直到 2005 年，其基期为 1982 年 =100，自 2006 年 1 月开始该指数的基期为 2011 年 =100。该价格指数参考了七个行业即工厂、矿山、种植、铁路、电机输送和发电、分销、港口码头，分布在 78 个重要调查点。消费者支出数据来自 1999 年 9 月至 2000 年 8 月由全国抽样调查办公室代表劳动局执行的、在 78 个地方采价的一项特别调查，即“家庭收入与支出调查”。这 78 个调查点是在考虑其在全国产业活动中的重要性后选出的，这些地点分布在印度各个州，数量与该州工业部门就业人数成比例，但每一个行业在每个州的采价点不会多于 5 个。在调查结果的基础上，就可以获得 78 个调查点和全国的权重。产业工人价格指数利用半年一次的住房租金调查数据和每月价格调查数据来编制。印度按月公布全国和 78 个城市的产业工人价格指数，即在下一个月的最后一个工作日公布该月份数据。

生产者价格 当前印度的批发价格指数的基期为 1993/94=100，自 2000 年 4 月 1 日采用了这一基期。批发价格指数的商品篮子有三组商品：一是基本商品，二是燃料、动力、照明和润滑油，三是制成品。这三组商品的权重分别为 22.02%、14.23% 和 63.75%。1993/94 基期序列有 435 个项目的 1918 种产品。所有在本国交易额较大的商品项都尽量涵盖其中。当前序列数据若为制成品，则是出厂价格或出矿价格；如果是农产品价格，则为一级批发市场价格。价格采集主要通过信函的方式获得。一些重要的价格数据来源如下：

A 农业部经济和统计局，

B 中央和州政府的农业营销部，

C 各州经济和统计局，

D 地区统计局，

E 隶属州政府的合作社和其他主要机构的登记部门，

F 非官方数据来源为各种商会，主要制造企业和商店。

该指数为拉氏加权算术平均数，也就是将整个时间序列的数据的基期权重固定。

中国

居民消费价格指数　是反映一定时期内城乡居民所购买的生活消费品价格和服务项目价格变动趋势和程度的相对数，是对城市居民消费价格指数和农村居民消费价格指数进行综合汇总计算的结果。该指数可以观察和分析消费品的零售价格和服务项目价格变动对城乡居民实际生活费支出的影响程度。

工业品出厂价格指数　是反映一定时期内全部工业产品出厂价格总水平的变动趋势和程度的相对数，包括工业企业售给本企业以外所有单位的各种产品和直接售给居民用于生活消费的产品。该指数可以观察出厂价格变动对工业总产值及增加值的影响。

New Delhi BRICS 2012

金砖国家

联合统计手册

2012

第七章 居民生活水平

图 7.1 公共教育支出占GDP的比重

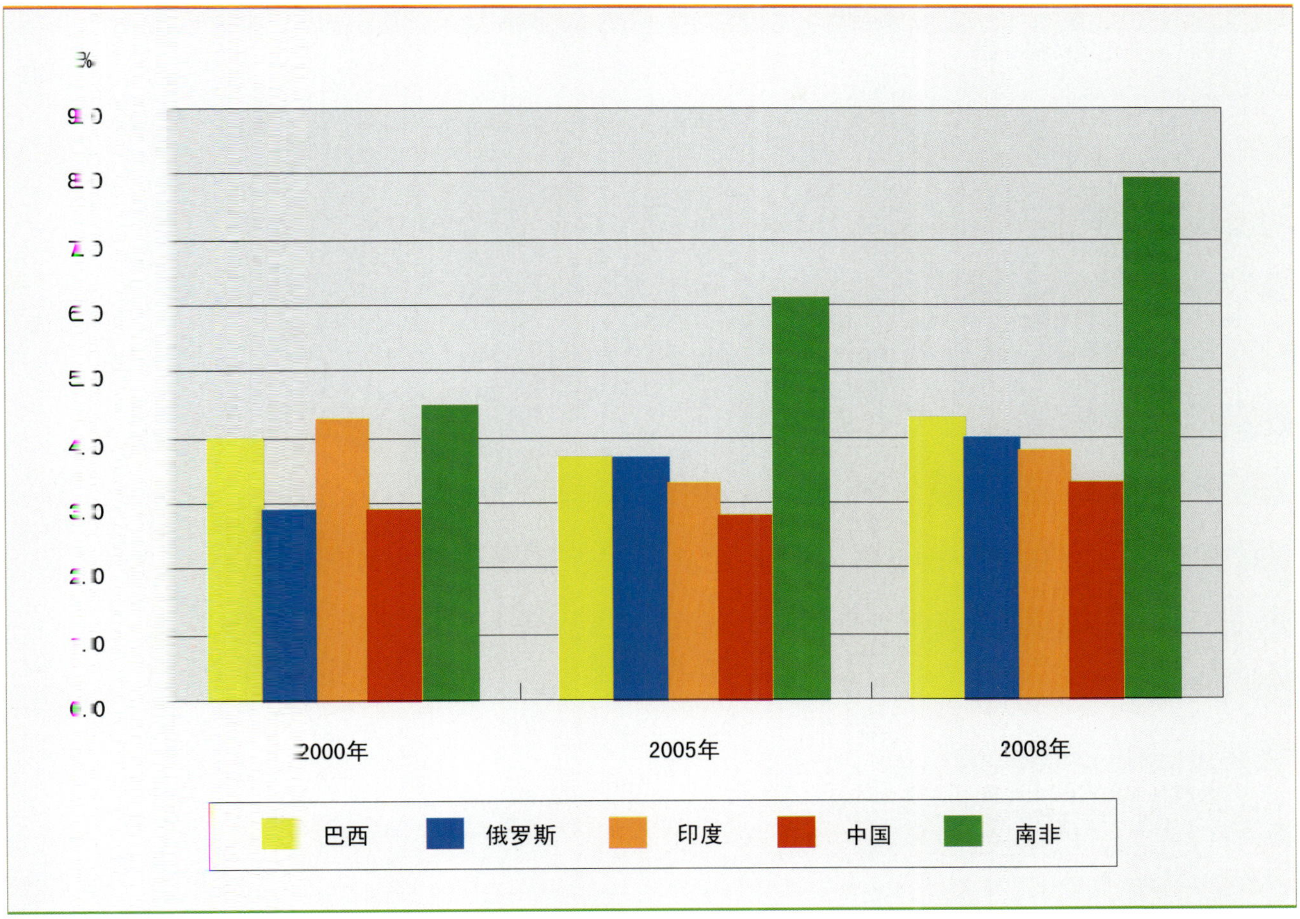

表 7.1 居民生活水平概况

指标	单位	2005	2006	2007	2008	2009	2010	2011
每百人彩色电视机拥有量								
巴西								
俄罗斯[3]	台	138	144	149	154	160	164	
印度								
中国								
城镇	台	46	47	47	46	47	48	47
农村	台	21	22	23	25	27	28	30
南非[10]	台	60	61	65	67	71		
每百人小汽车拥有量								
巴西[2]	人	8.0	7.9	7.4	6.9			
俄罗斯[4]	辆	17	18	20	21	22		
印度								
中国								
城镇	辆	1.1	1.5	2.1	3.0	3.8	4.5	6.5
农村[9]	辆	0.2	0.3	0.3	0.3	0.5	0.7	1.4
南非	辆			16.8	16.9	17.1	17.5	
实际年平均工资增长率								
巴西[1]	%	4.3	7.8	3.3	2.5	2.8		
俄罗斯	%	12.6	13.3	17.2	11.5	-3.5	5.2	4.2
印度								
中国[7]	%	12.8	12.7	13.6	11.0	13.0	10.0	
南非								
公共教育支出占GDP比重								
巴西	%	3.7	3.8	4.1	4.3			
俄罗斯[5]	%	3.7	3.8	4.0	4.0	4.6	4.3	4.1
印度[6]	%	3.3	3.5	3.4	3.8	3.9		
中国[8]	%	2.8	3.0	3.2	3.3	3.6	3.7	
南非	%	6.1	6.4	6.8	7.9	9.3	10.1	

资料来源：

巴西 1. 巴西国家地理与统计局，全国住户抽样调查，2005-2009 年。2. 巴西教育部。3. 全国汽车制造商协会，巴西汽车工业年鉴，2010 年。

俄罗斯 俄罗斯联邦统计局。

中国 1. 中华人民共和国国家统计局，中国城镇住户调查项目；2000-2010 年；中国农村住户调查，2000-2010 年。2. 中华人民共和国教育部，年度统计资料，2005-2009 年。3. 中华人民共和国卫生部，年度统计资料，2005-2010 年。

南非 1. 南非国家统计局，住户调查，2005-2009 年。 2. 南非国家统计局，政府财政统计。

脚注：

巴西 (1) 不包括朗多尼亚，阿克里，亚马孙，罗赖马，帕拉和阿马帕州的农村地区信息。(2) 平均每辆车对应的人数。

俄罗斯 (3) 所有类型的电视机，单位为每 100 户拥有量。(4) 乘用车。(5) 在俄罗斯联邦财政部数据的基础上估算，2005 年以后的数据包括各州预算外基金的预算。

印度 (6) 印度为财政年度数据，财年指当年 4 月 1 日到下年 3 月 31 日。

中国 (7) 职工年平均工资指企业、事业、机关等单位的职工在一年内平均每人所得的货币工资额。(8) 国家财政性教育经费占 GDP 比重。(9) 农村住户调查中，小汽车指生活用车，其中包括有篷货车。

南非 (10) 拥有一台电视机的住户的占比（电视机类型不限）。

表 7.2.1　居民生活水平——巴西

指　标	单　位	2005	2006	2007	2008	2009	2010
收入和支出							
住户人均可支配收入	雷亚尔	7239	7906				
住户人均生活消费支出	雷亚尔	6899	7523				
住户人均储蓄余额	雷亚尔	529	603				
生活质量							
住户消费支出构成							
食品支出占总消费支出的比重	%					24.1	
基于住户收入的基尼系数[1]		0.5	0.5	0.5	0.5	0.5	
文盲率[2]	%	11.0	10.3	10.0	9.8	9.6	
平均受教育年限[1]	年	7.0	7.2	7.3	7.5	7.6	
按房间数量划分的住房[1]	%	100.0	100.0	100.0	100.0	100.0	
1或2个房间[1]	%	2.9	2.8	2.8	2.3	2.1	
3个房间[1]	%	7.6	7.1	7.1	6.6	6.5	
4个房间[1]	%	14.9	14.8	15.0	14.2	14.2	
5个房间[1]	%	26.1	26.2	27.1	27.0	28.1	
6个房间[1]	%	19.7	19.8	20.3	19.9	20.3	
7个房间[1]	%	12.0	12.2	12.3	12.6	12.3	
8个房间及以上[1]	%	16.8	17.1	15.4	17.3	16.5	
按卧室数量划分的住房[1]	%	100.0	100.0	100.0	100.0	100.0	
1间卧室[1]	%	34.2	34.3	34.1	34.8	35.1	
2间卧室[1]	%	43.5	43.5	43.8	43.5	43.9	
3间卧室[1]	%	19.2	19.1	19.0	18.8	18.4	
4间卧室及以上[1]	%	2.7	2.7	2.6	2.5	2.3	
平均每个住宅居住人数[1]	人	3.5	3.4	3.4	3.3	3.3	
平均每间卧室居住人数[1]	人	1.8	1.8	1.8	1.7	1.7	
按住房所有权划分[1]	%	100.0	100.0	100.0	100.0	100.0	
自住[1]	%	73.4	73.3	73.9	74.4	73.5	
出租[1]	%	16.2	16.4	16.8	16.7	17.2	
免房租[1]	%	9.9	9.7	8.7	8.4	8.8	
其他[1]	%	0.5	0.6	0.5	0.6	0.5	
按家庭配备划分的住房占比[1]							
电视[1]	%	91.9	93.5	94.8	95.5	96.0	
无线电收音机[1]	%	88.3	88.1	88.3	89.2	88.1	
计算机[1]	%	18.7	22.3	26.8	31.5	35.1	
互联网接入[1]	%	13.8	17.0	20.3	24.1	27.7	
电冰箱[1]	%	88.5	89.7	91.3	92.6	93.9	

表 7.2.1　居民生活水平——巴西

（续表）

指　　标	单　位	2005	2006	2007	2008	2009	2010
使用燃气做饭的住房[1]	%	90.5	91.3	92.2	92.9	93.4	
每人每天蛋白质摄取量[1]	克[4]					48.7	
每人每天摄取的热量[1]	大卡[4]					1610.5	
每人每天脂肪摄取量[1]	克[4]					51.4	
文化、教育和卫生							
家庭在教育、文化和娱乐方面的支出占比	%					4.1	
在校学生数[3]	万人	6104.4	6101.9	5830.2	5919.1	5869.6	
学前教育(ISC 0)	万人	729.8	710.4	657.4	678.5	681.0	679.2
小学(ISC 1)	万人	2069.3	2007.9	1943.5	1897.9	1852.4	1689.3
初中(ISC 2)	万人	1697.6	1730.6	1632.7	1664.8	1647.8	1425.5
高中(ISC 3)	万人	1150.4	1145.3	1069.3	1082.1	1076.8	835.9
大学第一阶段(ISC 5)	万人	445.3	503.1	522.3	590.5	605.7	
研究生及以上(ISC 6)	万人	11.9	4.7	5.0	5.3	5.8	
医院床位数	张/千人	2.41					

资料来源：

1. 巴西国家地理与统计局，住户预算调查，2008-2009 年；2005-2009 年全国住户抽样调查，2005-2010 年医疗卫生援助调查和国民经济核算体系。
2. 巴西教育部。

脚注：

(1) 不包括朗多尼亚、阿克里、亚马孙、罗赖马、帕拉和阿马帕州的农村地区信息。

(2) 15 岁及 15 岁以上人口。

(3) 教育：

1) 特殊教育包括在其各自的国际教育标准分类中。

2) 青年人教育和成人教育包括在其各自的国际教育标准分类中。

3) 包括特殊教育。

4) 包括青年人和成人教育。

5) 包括职业教育。

6) 包括职业教育中国际教育标准分类第三级的教师培训。

7) 直到 2005 年，硕士教育包括在国际教育标准分类第六级中，2006 年以后硕士教育包括在国际教育标准分类第五级 A 类（第二学位或更高学位）。

(4) 住户平均数，数据来源于 2008-2009 年住户预算调查。

表 7.2.2　居民生活水平——俄罗斯

指　标	单　位	2005	2006	2007	2008	2009	2010
收入和支出							
居民家庭人均生活消费支出	卢布	4239.2	5083.4	6540.7	8216.8	8687.1	10122.0
农村	卢布	2420.2	2973.7	3819.0	4954.7	5325.9	6446.0
城市	卢布	4905.0	5853.6	7532.8	9399.0	9905.0	11453.0
生活质量							
居民家庭消费支出构成[1]							
食品	%	33.2	31.6	28.4	29.1	30.5	29.6
含酒精饮料和烟草	%	2.7	2.7	2.4	2.3	2.4	2.4
服装和鞋类	%	10.7	10.9	10.4	10.4	10.4	10.8
住房和公共服务，燃料	%	11.3	12.1	11.6	10.4	10.8	11.3
家庭用品、日用消费品，住房	%	7.2	7.3	7.3	7.5	7.0	6.2
医疗卫生	%	2.5	3.0	3.1	2.9	3.1	3.3
交通运输和通讯	%	15.8	16.4	20.4	19.2	17.2	18.7
娱乐及文化	%	7.1	6.4	6.4	7.7	7.3	6.8
教育	%	1.8	2.0	1.8	1.6	1.5	1.3
其他商品和服务	%	7.7	7.6	8.2	8.9	9.8	9.6
食品支出占消费总支出的比重[1]	%	33.2	31.6	28.4	29.1	30.5	29.6
基尼系数		0.409	0.416	0.423	0.422	0.422	0.423
文盲率[2]	%	0.55					
按房间数量划分的住房	%	100.0	100.0	100.0	100.0	100.0	100.0
一室公寓	%	23.1	23.1	23.2	23.3	23.3	23.5
两室的公寓	%	40.5	40.4	40.2	40.0	39.9	39.7
三室公寓	%	29.3	29.2	29.2	29.1	29.1	29.0
四室及以上公寓	%	7.1	7.3	7.4	7.6	7.7	7.8
按所有权划分的住房	%	100.0	100.0	100.0	100.0	100.0	100.0
私有房产	%	77.1	79.8	81.1	82.4	84.3	85.6
国有房产	%	6.4	5.5	5.3	4.9	4.5	4.3
市有房产	%	16.5	14.6	13.5	12.5	11.0	9.9
其他	%		0.1	0.1	0.2	0.2	0.2
按设施配备划分的住房							
自来水	%	75.6	75.9	76.3	76.9	77.3	77.7
下水道	%	71.5	71.8	72.2	72.8	73.3	73.7
暖气	%	79.8	80.5	81.1	81.9	82.6	83.1
热水供应	%	62.9	63.4	63.8	64.2	64.6	64.9
浴缸（淋浴）	%	65.4	65.6	65.9	66.2	66.5	66.7
燃气（管道煤气、液化气）	%	70.1	70.0	69.7	69.4	69.2	69.0
城市拥有自来水的人数占比	%	96.5	96.3	96.5	96.6	97.1	96.6

表 7.2.2　居民生活水平——俄罗斯

（续表）

指　标	单　位	2005	2006	2007	2008	2009	2010	2011
城市拥有天然气的人数占比	%	73.7	71.4	72.8	73.7	73.9	75.4	
人均公园和绿地面积(3)	平方米	154.5	162.8	164.6	165.2	165.3		
每人每天蛋白质摄取量	克	71	71	72	73	73	77	
每人每天摄取热值	大卡	2630	2554	2564	2550	2551	2652	
每人每天脂肪摄取量	克	69	95	97	98	99	105	
文化，教育和卫生								
居民家庭教育，文化和娱乐支出占比	%	8.9	8.4	8.2	9.3	8.8	8.1	
在校学生人数								
小学教育(1997年版国际教育标准分类第一级)	万人	533	517	512	517	527	546	565
中学教育(1997年版国际教育标准分类第二级和第三级)	万人	1206	1127	1055	1005	977	958	
大学教育(1997年版国际教育标准分类第五级和第六级)	万人	980	997	1002	991	972	934	
每百名男孩中女孩入学人数(小学教育)		96	95	96	96	96	96	96
医生数量	每千人	4.9	4.9	5.0	5.0	5.0	5.0	
医院病床数量	每千人	11.1	10.9	10.7	9.9	9.7	9.4	
按死亡原因划分的标准化死亡率(4)								
循环系统疾病	万分之一	53.1	49.2	46.1	45.3	42.7		
肿瘤	万分之一	12.8	12.6	12.5	12.5	12.6		
外部原因造成的死亡	万分之一	17.8	15.9	14.7	13.7	12.5		
消化系统疾病	万分之一	4.7	4.4	4.2	4.3	4.2		
呼吸系统疾病	万分之一	4.6	3.9	3.6	3.7	3.6		
传染病和寄生虫病	万分之一	2.3	2.1	2.0	2.0	1.9		
小学入学儿童性别比（男性=100）		96	96	96	96	96	96	96

资料来源：

俄罗斯联邦统计局。

脚注：

(1) 根据住户预算抽样调查获得的数据。

(2) 为 2000 数据。

(3) 城市人口人均量。

(4) 世界卫生组织按死亡原因划分的国际标准。

表 7.2.3 居民生活水平——印度

指 标	单 位	2005	2006	2007	2008	2009	2010
收入和支出[1]							
城市人均生活消费支出	卢比	1171	1313	1464		1985	
农村人均生活消费支出	卢比	625	695	753		1054	
文化、教育和卫生(1)							
公共教育支出占比	%	12.7	13.3	13.3	13.6		
小学入学人数	万人	13200	13400	13600		10680	
中学入学人数	万人	3800	4000	4500		7500	
高等教育入学人数	万人	1200	1600			7000(2)	
医生数	万人	154.6	146.8	150.7	158.5		
医院床位数	万张	53.5	55.9	55.1	56.1	57.7	
死亡人数							
[illegible]	万人	27.2	29.3	31.6	31.8	33.5	
霍乱	人	6	3	3	1	9	
疟疾	人	963	1707	1311	1055	1144	678
登革热	人	8	184	69	80	96	109
黑热病	人	157	187	203	146	93	82
结核	人	56471	64539	64824	66204	66345	
生活质量							
按所有权划分的住房(3)							
自有住房	每1000住户				844		
独立房主、但需交租金的住房	每1000住户				8		
雇主提供的住房	每1000住户				18		
有书面租赁合同的住房	每1000住户				16		
无书面合同的住房	每1000住户				93		
其他	每1000住户				21		

表 7.2.3 居民生活水平——印度

（续表）

指　　标	单　位	2005[4]	2006	2007	2008	2009	2010
按设施配备划分的住房							
无线电收音机、晶体管收音机	%的住户						
电视机	%的住户						
电话	%的住户						
自行车	%的住户						
滑板车、摩托车、机动脚踏两用车	%的住户						
汽车、吉普车、有蓬货车	%的住户						
无上述设施配备	%的住户						
城市中拥有自来水的人口占比	%						
城市中拥有天然气的人口占比	%						
每人每天热值摄入量[1]							
农村	大卡	2047					
城市	大卡	2020					
每人每天蛋白质摄入量[1]							
农村	克	57					
城市	克	57					
每人每天脂肪摄入量[1]							
农村	克	36					
城市	克	48					

资料来源：

1. 印度中央统计局，2009 年全国卫生状况；印度统计和计划执行部，2009/10 年卫生和家庭福利年报。
2. 全国抽样调查报告第 530 号中的月度人均支出。
3. 全国抽样调查报告第 513 和 535 号。

脚注：

(1) 财政年度数据，即当年 4 月 1 日到下年 3 月 31 日。

(2) 数据截至 2009 年 11 月。

(3) 基于全国抽样调查队的“印度居住条件和幸福感”调查，参考基期为 2008 年 7 月至 2009 年 6 月。

(4) 2004 年数据。

表 7.2.4　居民生活水平——中国

指　标	单　位	2005	2006	2007	2008	2009	2010	2011
收入与支出								
住户人均收入								
城镇住户可支配收入	人民币	10493	11759	13786	15781	17175	19109	21810
农村住户纯收入	人民币	3255	3587	4140	4761	5153	5919	6977
住户人均生活消费支出								
城镇	人民币	7943	8697	9997	11243	12265	13471	15161
农村	人民币	2555	2829	3224	3661	3993	4382	5221
住户人均储蓄存额[2]	人民币	10784	12297	13051	16407	19548	22619	
城镇	人民币	20720	18017	23482	28996	34002		
农村	人民币	3298	3908	4540	5808	6911		
生活质量								
住户消费支出构成								
城镇住户	%	100.0	100.0	100.0	100.0	100.0	100.0	100.0
食品	%	36.7	35.8	36.3	37.9	36.5	35.7	36.3
衣着	%	10.1	10.4	10.4	10.4	10.5	10.7	11.0
居住	%	10.2	10.4	9.8	10.2	10.0	9.9	9.3
家庭设备用品及服务	%	5.6	5.7	6.0	6.2	6.4	6.7	6.7
医疗保健	%	7.6	7.1	7.0	7.0	7.0	6.5	6.4
交通和通讯	%	12.6	13.2	13.6	12.6	13.7	14.7	14.2
文化教育、娱乐用品及服务	%	13.8	13.8	13.3	12.1	12.0	12.1	12.2
其他商品和服务	%	3.5	3.6	3.6	3.7	3.9	3.7	3.9
农村住户	%	100.0	100.0	100.0	100.0	100.0	100.0	100.0
食品	%	45.5	43.0	43.1	43.7	41.0	41.1	40.4
衣着	%	5.8	5.9	6.0	5.8	5.8	6.0	6.5
居住	%	14.5	16.6	17.8	18.5	20.2	19.1	18.4
家庭设备、用品及服务	%	4.4	4.5	4.6	4.8	5.1	5.3	5.9
医疗保健	%	6.6	6.8	6.5	6.7	7.2	7.4	8.4
交通和通讯	%	9.6	10.2	10.2	9.8	10.1	10.5	10.5
文化教育、娱乐用品及服务	%	11.6	10.8	9.5	8.6	8.5	8.4	7.6
其他商品和服务	%	2.1	2.2	2.3	2.1	2.1	2.1	2.3
基尼系数								
农村		0.38	0.37	0.37	0.38	0.39	0.38	0.39
农村自来水普及率	%	61.3	61.1	62.7	65.5	68.4	71.2	
城市燃气普及率	%	82.1	79.1	87.4	89.6	91.4	92.0	
城市人均公园绿地面积	平方米	7.9	8.3	9.0	9.7	10.7	11.2	
公共医疗支出占GDP比重[3]	%	4.68	4.55	4.35	4.63	5.15	4.98	

表 7.2.4 居民生活水平——中国

（续表）

指 标	单 位	2005	2006	2007	2008	2009	2010	2011
文化，教育和卫生								
家庭文教娱乐支出占比								
城镇	%	13.8	13.8	13.3	12.1	12.0	12.1	12.2
农村	%	11.6	10.8	9.5	8.6	8.5	8.4	7.6
按教育程度划分的在校学生数								
普通高等教育	万人	1561.8	1738.8	1884.9	2021.0	2144.7	2231.8	2308.5
普通中学	万人	8580.9	8451.9	8243.3	8050.4	7867.9	7703.2	7519.0
职业中学	万人	625.6	676.2	740.5	761.1	785.7	729.8	683.6
小学	万人	10864.1	10711.5	10564.0	10331.5	10071.5	9940.7	9926.4
特殊教育	万人	36.4	36.3	41.9	41.7	42.8	42.6	39.9
学前教育	万人	2179.0	2263.9	2348.8	2475.0	2657.8	2976.7	3424.0
每千人医生数	人/千人	1.60	1.63	1.62	1.67	1.75	1.79	
每千人医院病床数(2)	张/千人	2.45	2.53	2.63	2.84	3.06	3.27	

资料来源：

1. 中华人民共和国教育部，年度统计资料，2005-2011 年
2. 中华人民共和国卫生部，年度统计资料，2005-2010 年。
3. 中华人民共和国住房和城乡建设部，年度统计资料，2005-2010 年。
4. 中华人民共和国国家统计局，城市住户调查，2005-2010 年；2011 年《国民经济和社会发展统计公报》。
5. 中华人民共和国国家统计局，农村住户调查，2005-2010 年。
6. 中国人民银行，《中国金融年鉴（2010 年）》。

脚注：

(1) 农村居民平均储蓄余额包括在农村商业银行、农村合作银行和农村信用社的存款。

(2) 指每千人口医院和卫生院床位数。

(3) 卫生总费用占 GDP 的比重。

表 7.2.5　居民生活水平——南非

指　标	单　位	2000	2005	2006	2007	2008	2009	2010
收入和支出								
居民家庭人均可支配收入	兰特	6364		29330			31856	
居民家庭人均生活消费支出[5]	兰特	7546		21613			26149	
生活质量								
居民家庭消费支出构成	%	100.0		100.0			100.0	
食品和非酒精饮料[6]	%	27.7		14.4			19.3	
酒精饮料和烟草	%	2.6		1.2			1.0	
服装和鞋类	%	5.4		5.0			4.8	
住房、水、电、气和其他燃料	%	13.6		23.6			24.9	
家具和家庭设备	%	8.7		6.9			5.4	
卫生	%	1.5		1.7			1.3	
交通	%	13.3		19.9			15.3	
通信	%	3.4		3.5			3.4	
娱乐和文化	%	3.7		4.6			4.3	
教育	%	2.4		2.4			2.8	
餐饮和住宿	%	3.6		2.2			2.4	
其他商品和服务	%	14.2		14.4			14.9	
其他未分类	%			0.3			0.3	
基尼系数(不含税的人均支出)		0.7		0.7			0.6	
失业率[illegible]	%		23.0	22.4	21.4	21.1	18.5	17.7
按房间数量划分的住房[3]	%						49.2	
一室的公寓	%		22.4	20.4	22.5	18.4	18.0	18.3
两室的公寓	%		13.4	13.5	13.4	12.8	12.3	10.9
三室的公寓	%		12.0	12.1	12.1	13.1	12.5	11.9
四室及以上的公寓	%		52.3	54.1	51.9	55.7	57.2	59.0
按所有权划分的住宅[illegible]	%		70.2	70.0	67.7	73.8	65.1	

表 7.2.5　居民生活水平——南非

指　　标	单　位	2000	2005	2006	2007	2008	2009	2010
私有房产			57.2	59.8	57.8	61.9	56.0	58.1
国有房产			12.0	10.3	9.7	12.1	11.0	10.9
市有房产			20.6	19.9	22.5	18.3	20.9	20.6
其他			10.2	10.1	9.9	7.7	12.2	10.4
城市拥有自来水的人数占比(2)	%		69.8	71.1	71.6	70.2	69.9	
教育、文化和娱乐								
居民家庭教育、文化和娱乐支出占比	%	6.1		6.6				
医生数量(7)	每千人		0.3	0.3	0.4	0.4	0.4	0.4
医院病床数(7)	每千人		2.2		2.2	2.2	2.2	2.0
教育支出占总支出的比重	%	20.3	18.4	18.1	18.1	18.3	19.3	
医药和医疗支出占总支出的比重	%	10.4	9.7	9.9	10.3	10.4	11.0	

资料来源：

1. 南非国家统计局，住户调查，2002-2009 年。
2. 收入和支出调查，2000 年。
3. 收入和支出调查，2005/2006 年。
4. 地区卫生信息，2010 年。
5. 南非卫生回顾，2010 年。
6. 南非卫生回顾，2005 年。
7. 南非卫生回顾，2007 年。

脚注：

(1) 完全拥有或部分拥有。

(2) 所有人口，不单指城市人口在住房或者院子里安装了管道或自来水管。

(3) 指 1 至 4 间房。虽然 2002 年至 2008 年有数据，但 2009 年的新数据与之前的数据不可比。

(4) 指年满 20 岁但还没有完成小学教育的人（相当于 7 级教育）。

(5) 不包括自住住房估算的租金。

(6) 按消费者价格指数进行了调整。

(7) 每一千个没有医疗保险的人。

主要统计指标解释：

国家解释：

巴西

工资 为月度工资，通常在参考月份即每年的 9 月份领取。

雇员收入 为每个月的总收入。如果收入是变化的，那么平均月收入则为调查年份的参考月份的收入。雇员月收入统计不包括企业支付雇员的第 13 个月（第 14 个月，第 15 个月等）工资，另外，住房、食品、服装、交通、用餐和食品券等也不包括在雇员收入的统计范围之内。

雇主的工资 通常为每月的盈余。如果每月盈余是变化的，月工资则为调查年份参考月的平均月度盈余。盈余为总收入减去总支出（项目费用，例如支付雇员、原材料、电费、电话费用）之后的获利。为了雇主自己消费而进行的生产发生的收入和支出不包括在此列。

俄罗斯

实际工资增长率 是用工资总额除以相应时间内的消费价格指数得到的。平均名义工资是用雇员总的应计工资除以实际工资的人数。雇员总应发工资包括雇主在完整或不完整的时间段内以货币或非货币形式支付给雇员的总工资，其中包括与工作条件相关的补偿性支出、罚款、额外费用、奖金、用餐、居住等费用，这些支付具有定期性的特征。从各个预算外社会基金中支付给雇员的福利不包括在工资范围之内。

医生总数 包括获得高等医学教育学历，在治疗和卫生机构、社会保障机构、研究机构、个人培训机构、公共卫生管理机构和其他机构中从业的医生。

医院床位数 是指配备必需设备，并随时准备接收病人的病床。

公园和绿地面积 包括公共使用的绿地面积（公园、花园、广场和公园道路）、森林公园和城市花园。

中国

国家财政性教育经费 包括国家财政预算内教育经费，各级政府征收用于教育的税费，企业办学校教育经费，校办产业、勤工俭学和社会服务收入用于教育的经费。

城市燃气普及率 是指报告期末使用燃气的城市人口数与城市人口总数的比率。

城市人均公园绿地面积 为城市公园绿地面积与城市人口总数的比值。城市公园绿地指向公众开放的，以游憩为主要功能，有一定的游憩设施和服务设施，同时兼有健全生态，美化景观，防灾减灾等综合作用的绿化用地。

普通高等学校 指按国家规定的设置标准和审批程序批准举办的，通过全国普通高等学校统一招生考试，招收高中毕业生为主要培养对象，实施高等学历教育的全日制大学、独立设置的学院和高等专科学校、高等职业学校及其他机构（独立学院和分校、大专班）。口径上仅包括普通本专科生。

普通中学 分为普通高级中学和普通初级中学两个阶段。普通初级中学指独立设置的招收小学毕业的适龄人口进行初级中等基础教育的机构。普通高级中学指独立设置的招收初中毕业生进行高级中等基础教育的教育机构。

职业中学 包括职业初中和职业高中。指经县或县以上教育行政部门批准，招收小学或初中毕业生实施初级或高级中等职业技术教育的教学机构。

小学 指经县或县以上教育行政部门批准，招收学龄儿童实施初等教育的教学机构。

特殊教育 指独立设置的招收盲聋哑和智残儿童，以及其他特殊需要的儿童、青少年进行普通或职业初、中等教育的教学机构。

学前教育 包括幼儿园和学前班。幼儿园是指招收三岁以上（含三岁）学龄前儿童，对其进行保育和教育的单位。设立幼儿园须经县级以上教育行政部门或乡（镇）人民政府审查合格，并予备案。学前班是指在部分不能满足学龄前幼儿三年入园的地区，组织学龄前儿童进行一年教育的一种形式。

执业（助理）医师　指具有《医师执业证》及其“级别”为“执业（助理）医师”且实际从事医疗、预防保健工作的人员，不包括实际从事管理工作的执业医师。执业（助理）医师类别分为临床、中医、口腔和公共卫生。

每千人口执业（助理）医师 =（执业医师数 + 执业助理医师数）/ 人口数 ×1000。人口数系公安部户籍人口。

每千人口医院、卫生院床位数 =（医院床位数 + 卫生院床位数）/ 人口数 ×1000。人口数系公安部户籍人口。

第八章 资源和环境

图 8.1　森林面积

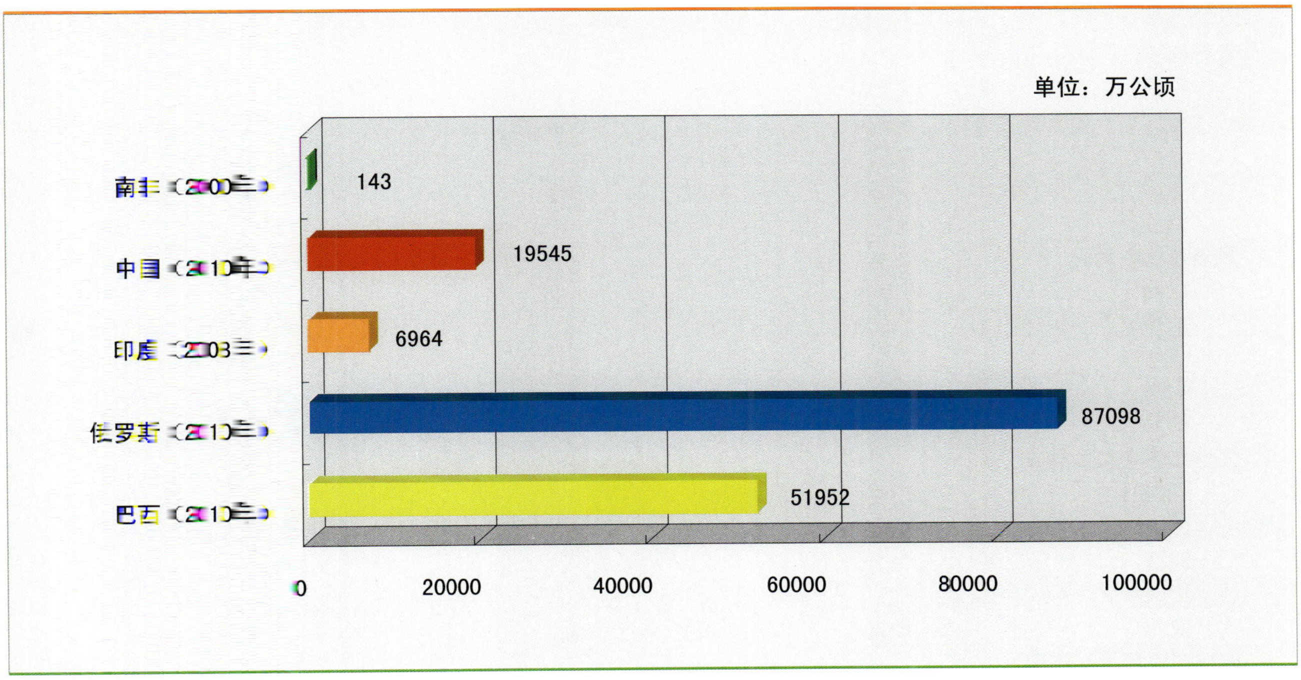
单位：万公顷
143
19545
6964
87098
51952
0
20000
40000
60000
80000
100000

表 8.1　资源和环境概况

指　标	单　位	2005	2006	2007	2008	2009	2010
森林面积							
巴西	万公顷	53049					51952
俄罗斯[1]	万公顷	87057	87076	87076	87079	87081	87098
印度[5][6]	万公顷	6968	6969	6963	6964		
中国	万公顷	19545	19545	19545	19545	19545	19545
南非							
多年生作物面积							
巴西	万公顷		1168				
俄罗斯[1]	万公顷	180	180	179	179	180	180
印度							
中国	万公顷	1306					
南非	万公顷			81			
人均二氧化碳排放量							
巴西	千克	8932					
俄罗斯[2]	千克	11194	11738	11580	11635	10340 [4]	
印度							
中国							
南非	千克	8.5	8.6	8.8			
人均二氧化硫排放量							
巴西							
俄罗斯[3]	千克	33	34	32	32	31	31
印度							
中国[7]	千克	19.6	19.7	18.7	17.5	16.6	16.3
南非							

资料来源：

巴西　1. 2010 年森林资源评估（联合国粮农组织，2010 年，罗马）。2. 巴西国家地理与统计局，2006 年农业普查。3. 巴西《联合国气候变化框架公约》第二次全国信息通报第二部分。4. 全国温室气体人为源排放量和清除量。附件：1990 年至 2005 年按气体来源和行业划分的温室气体排放量估计，2010 年于巴西利亚出版。5. 巴西国家地理与统计局调查司，1980 年至 2050 年巴西按性别和年龄划分的人口预测（2008 年回顾）。

俄罗斯　1. 俄罗斯联邦统计局。2. 俄罗斯联邦地理登记、地籍勘察和制图局。3. 俄罗斯联邦水文气象和环境监测局

印度　印度农业部经济和统计局。

中国　1. 中华人民共和国国家统计局，2011 年《中国统计年鉴》。2. 中华人民共和国环境保护部，年度统计资料，2005-2011 年。3. 中华人民共和国国家林业局，森林资源清查资料，2005-2011 年。

南非　联合国，千年发展指标。

脚注：

俄罗斯　(1) 数据来自俄罗斯联邦地理登记、地籍勘察和制图局。(2) 数据由俄罗斯水文气象和环境监测局提供。二氧化碳排放量数据参考了土地利用情况，并随着土地利用情况的变化而有所变化。森林面积数据来自依据蒙特利尔议定书进行监测的、俄罗斯 1990-2009 年按照排放源分类的人类引起的气体排放以及按照温室气体吸收剂分类的吸收量数据库。(3) 固定污染源排放物。(4) 依据 2010 年俄罗斯全国人口普查结果计算得出。

印度　(5) 指财政年度，即当年 4 月 1 日至下年 3 月 31 日。(6) 指森林面积。

中国　(7) 人均二氧化硫排放量是指当年二氧化硫排放量和当年平均人口的比值。

表 8.2.1　资源和环境——巴西

指　标	单　位	2005	2006	2007	2008	2009	2010	2011 [1]
自然资源								
淡水资源-总量	立方米/秒					267310	179516	
亚马逊	立方米/秒					218466	132145	
托坎廷斯-阿拉瓜亚	立方米/秒					13799	13799	
东北大西洋西	立方米/秒					2608	2608	
巴纳伊巴	立方米/秒					767	767	
东北大西洋东	立方米/秒					774	774	
圣弗朗西斯科	立方米/秒					2846	2846	
大西洋东	立方米/秒					1484	1484	
大西洋东南	立方米/秒					3162	3162	
南大西洋	立方米/秒					4055	4055	
巴拉那	立方米/秒					11414	11414	
乌拉圭	立方米/秒					4981	4103	
巴拉圭	立方米/秒					2954	2359	
保护区	个					304		1588
保护区面积	万公顷					7399		15133
主要矿产储量								
原油	亿桶	161	182	204	209	214	275	
天然气	亿立方米	4545	5886	5845	5892	6015	8247	
石灰石	万吨	4941098	4603056	4882064	5032434	5300670		
装饰性石料	万吨	1780143	1799703	1578462	2667113	2719228		
铁矿	万吨	1582695	1746275	1963224	2056627	2125740		
镁矿和白云石	万吨	879701	645201	687174	739961	693182		
煤矿	万吨	661745	650033	662161	653399	655085		
粘土	万吨	601125	480839	554942	585777	622438		
云母	万吨	540	545	543	542	772		
高岭土	万吨	267611	340550	374993	375038	379913		
工业用砂	万吨	243968	257770	269251	273686	266240		
铝(铝土矿)	万吨	177646	132622	153642	168418	193461		
长石、白榴石和霞花岗岩	万吨	102730	111320	116017	118562	124088		
石膏	万吨	100113	99718	100853	100594	106318		
滑石	万吨	11549	18933	18908	18802	19482		
盐	万吨	61460	61298	61133	60979	60835		
其他装饰性石料	万吨	42145	25011	38193	40083	39165		

资料来源：

1　奇科·门德斯生物多样性保护研究所，2011 年 2 月份报告。

2　国家水利署。

3　巴西矿产和能源部全国矿产局。

4　巴西矿产和能源部和国家石油管理局。

脚注：

(1)　2011 年 3 月 11 日更新数据。

表 8.2.2 资源和环境——俄罗斯

指标	单位	2000	2005	2010
自然资源				
淡水资源(1)	亿立方米	45230	45566	43317
年径流量(2)	亿立方米	669.24	613.35	594.53
保护区数量(3)	个	135	135	141
保护区面积(3)	万公顷	4006	4069	4157
主要矿产储量(4)				
天然气	万亿立方米	64(5)	69	68
煤炭	亿吨	2773	2718	2728
铁矿石	亿吨	1008(5)	995	904
锰矿	万吨	15450	18810	23120
铜矿	万吨	8390(5)	8510	8910
铅矿	万吨	1980(5)	2010	1970
锌矿	万吨	6060(5)	6140	6100
铝土矿	万吨	153450(5)	143350	144350
钨矿	万吨	171.7	169.0	148.4
锡矿	万吨	230.21	227.8	226.24
锑矿	万吨	29.55	26.5	25.82
金矿	万吨	0.85(5)	0.84	1.19
银矿	万吨	11.4(5)	11.2	11.9
石墨矿	万吨	8820	8820	8890
环境				
人均氮氧化物排放量(6)	千克	12	12	13(8)
人均一氧化碳排放量(7)	千克	34	46	39(8)
环保支出占GDP的比重	%	1.5	1.1	0.8

资料来源：

1. 俄罗斯联邦统计局。
2. 俄罗斯联邦水资源管理局。
3. 俄罗斯联邦地下储量管理局。
4. 俄罗斯联邦水文气象和环境监测局。

脚注：

(1) 俄罗斯联邦水文气象和环境监测局数据，数据为地表径流总量。
(2) 数据是由俄罗斯联邦水资源管理局生产和发布的。
(3) 指州一级的自然保护区和国家公园。
(4) 数据是由俄罗斯联邦地下储量管理局生产和发布的。
(5) 2001 年数据。
(6) 为固定排放源排放的氮氧化合物转换成二氧化氮数据。
(7) 为固定排放源排放的气体。
(8) 依据 2010 年俄罗斯全国人口普查结果计算出的数据。

表 8.2.3　资源和环境——印度

指　标	单　位	2007/08	2008/09	2009/10	最近年份
自然资源					
淡水资源(1)					
资源总量(2)	亿立方米				11230
地表水(2)	亿立方米				6900
地下水(2)	亿立方米				4330
保护区数量(2009年3月份数据)					
国家公园	个				100
野生动植物保护区	个				514
保护区面积					
国家公园	平方公里				39155
野生动植物保护区	平方公里				158745
主要矿产储量(2005年4月1日数据)					
石油(2010年3月31日数据)(3)	万吨				77300
天然气(2010年3月31日数据)(3)	亿立方米				11150
煤(2010年3月31日数据)(3)	亿吨				2670
铁矿石	亿吨				252.50
基础储量	亿吨				70.63
资源储量	亿吨				181.87
锰矿	万吨				37856.9
基础储量	万吨				13815.2
资源储量	万吨				24041.8
铜矿	万吨				140584.4
基础储量	万吨				37387.7
资源储量	万吨				103196.7
铅锌矿					
铅锌矿石	万吨				52258.0
基础储量	万吨				12575.4
资源储量	万吨				39682.6
铅金属	万吨				720.7
基础储量	万吨				259.1
资源储量	万吨				461.7
锌矿					
锌金属	万吨				2426.0
基础储量	万吨				1109.3
资源储量	万吨				1316.7
铅锌金属	万吨				11.8
资源储量	万吨				11.8
铝土矿	万吨				328981.7
基础储量	万吨				89938.4
资源储量	万吨				239043.3

表 8.2.3 资源和环境——印度

（续表）

指　　标	单　位	2007/08	2008/09	2009/10	最新年份
锑矿	万吨				1.1
资源储量	万吨				1.1
金矿	万吨				41641.1
基础储量	万吨				1925.4
资源储量	万吨				39715.7
银矿	万吨				24464.4
基础储量	万吨				11591.9
资源储量	万吨				12872.5
石墨矿	万吨				16877.5
基础储量	万吨				1075
资源储量	万吨				15802.5
环境					
环境支出	亿卢比	22.4	24.0	18.8	18.8
环境支出占GDP的比重	%	0.005	0.005	0.004	0.003

资料来源：

1. 中央水利委员会。
2. 印度矿业局，印度统计和计划执行部原油和天然气数据。
3. 印度环境和森林部。
4. 印度中央统计局，2010 年能源统计。

脚注：

(1) 数据为在中央水利委员会 1993 年和 2000 年印度水资源潜力再评估基础上的估算数据。

(2) 数据来自印度中央统计局 2010 年能源统计。

(3) 截至 2010 年 2 月 28 日。

表 8.2.4　资源和环境——中国

指　标	单　位	2000	2005	2009	2010
自然资源					
淡水资源总量	亿立方米	27701	28053	24180	30906
自然保护区数	个	1227	2349	2541	2588
自然保护区面积	万公顷	9821	14995	14775	14944
主要矿产储量					
原油	万吨		248972	294920	317435
天然气	亿立方米		28185.4	37074.2	37793.2
煤炭	亿吨		3326.4	3189.6	2793.9
铁矿	亿吨		216	213	222
锰矿	万吨		21539.8	18576.6	19515.6
铜矿	万吨		2856.4	2951.0	2870.7
铅矿	万吨		1393.4	1340.1	1272.0
锌矿	万吨		4269.1	3838.5	3251.4
铝土矿	万吨		73057.8	83923.9	89732.7
镍矿	万吨		270.7	281.8	312.1
钨矿	万吨		260.5	228.7	220.8
锡矿	万吨		155.5	143.5	138.2
锑矿	万吨		95.3	76.5	71.0
金矿	万吨		0.20	0.19	0.19
银矿	万吨		6.0	3.8	3.6
稀土	万吨		1968.5	1859.1	
石墨	万吨		3882	5432	5412
环境					
环境污染治理投资占国内生产总值的比重	%	1.02	1.30	1.33	1.66

资料来源：

1. 中华人民共和国环境保护部，年度统计资料，2005-2010 年。
2. 中华人民共和国水利部，年度统计资料，2005-2010 年。
3. 中华人民共和国国家统计局，《中国统计年鉴，2011 年》。

表 8.2.5 资源和环境——南非

指 标	单 位	2000	2005	2008	2010
自然资源					
保护区数量	个				488
保护区面积	万公顷				7605
主要矿产储量					
原油	万吨			150000	
锰矿	万吨			400000	
铜矿	万吨			1300	
铅矿	万吨			300	
锌矿	万吨			1500	
镍矿	万吨			1200	
锑矿	万吨			20	
金矿	万吨			3.1	
环境					
环保支出占GDP的比重	%	0.01		0.01	0.01

资料来源：

南非水利局。

主要统计指标解释：

国家释义：

俄罗斯

淡水资源 是指国内可再生的淡水资源（河流径流量以及国内降水形成的地下水）。

年淡水抽取量 指总的抽取量，不包括储水流域蒸发损失的水量。

中国

水资源总量 指一定区域内的水资源总量，即当地降水形成的地表和地下产水量，为地表径流量与降水入渗补给量之和，不包括过境水量。

自然保护区 指对有代表性的自然生态系统、珍稀濒危野生动植物物种的天然分布区、水源涵养区、有特殊意义的自然历史遗迹等保护对象所在的陆地、陆地水体或海域，依法划出一定面积进行特殊保护和管理的区域。以县及县以上各级人民政府正式批准建立的自然保护区为准。风景名胜区、文物保护区不计在内。

环境污染治理投资 指在工业污染源治理和城市环境基础设施建设的资金投入中，用于形成固定资产的资金。包括工业新老污染源治理工程投资、建设项目“三同时”环保投资，以及城市环境基础设施建设所投入的资金。

New Delhi BRICS 2012

金砖国家
联合统计手册
2012

第九章 工业

图 9.1　工业生产指数

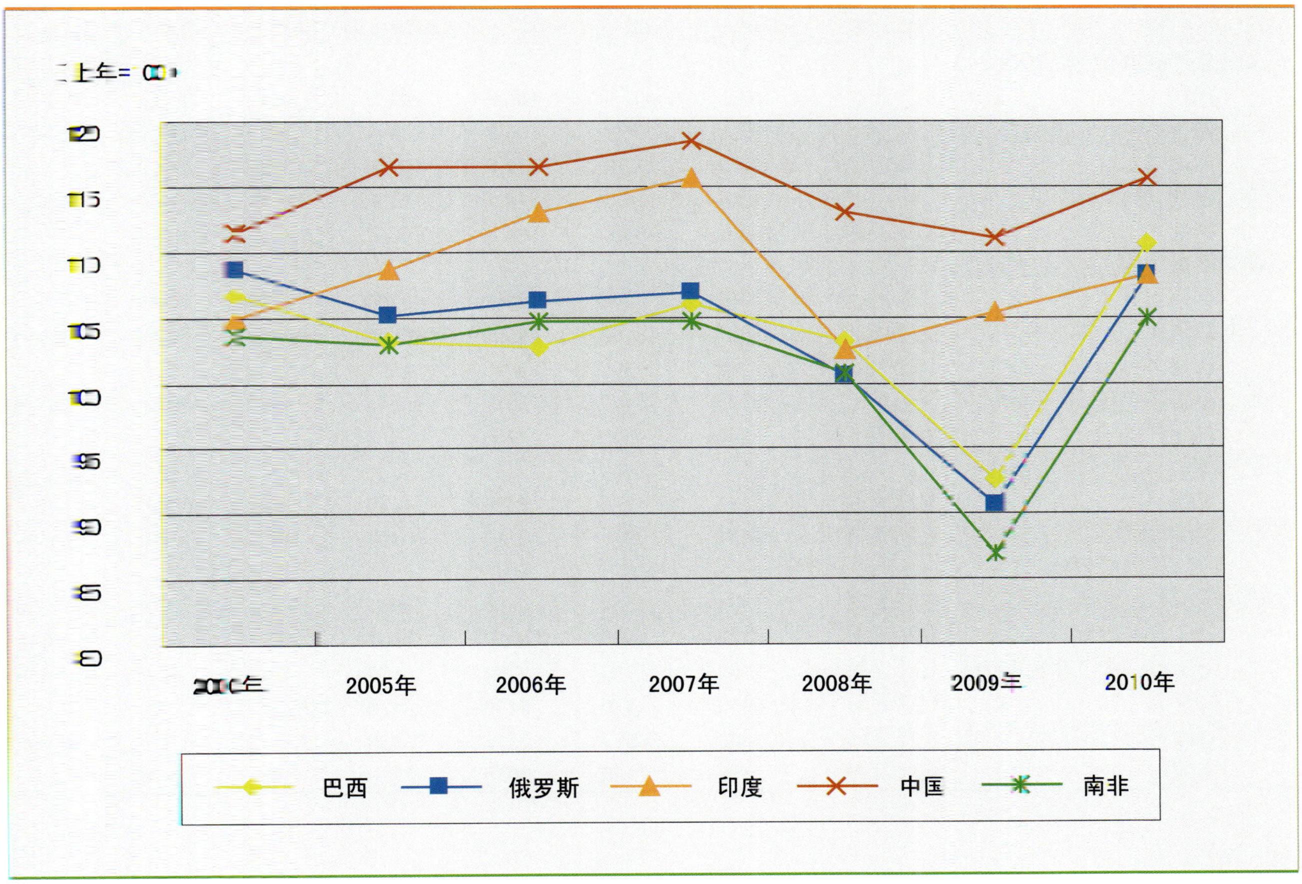

表 9.1　工业概况

指标	单位	2005	2006	2007	2008	2009	2010	2011
工业生产指数(上年=100)								
巴西		103.1	102.8	106.0	103.1	92.6	110.5	
俄罗斯(2)		105.1	106.3	106.8	100.6	90.7	108.2	104.7
印度(4)		108.6	112.9	115.6	102.5	105.3	108.2	
中国(7)(8)		116.4	116.6	118.5	112.9	111.0	115.7	113.9
南非		103.0	104.8	104.6	100.7	87.1	104.9	
原油产量								
巴西	万吨	8300	8700	8800	9200	9900	10400	
俄罗斯	万吨	47000	48100	49100	48800	49400	50500	50940
印度(4)	万吨	3219	3399	3412	3351	3370		
中国(7)	万吨	18135	18477	18632	19043	18949	20301	20365
南非(9)	亿升	240	240	260				
发电量								
巴西	亿千瓦时	4030	4190	4490	4630	4660	4750(1)	
俄罗斯(3)	亿千瓦时	9531	9958	10153	10404	9920	10380	10516
按燃料划分								
核电	亿千瓦时	1494	1564	1600	1631	1636	1704	1730
火电	亿千瓦时	6287	6637	6759	7101	6519	6987	7130
水电和其他	亿千瓦时	1750	1757	1794	1672	1765	1689	1656
印度(4)(5)	亿千瓦时	6970	7520	8130	8430	9060(6)		
中国(7)	亿千瓦时	25003	28657	32816	34958	37147	42065	47001
南非	亿千瓦时	2450	2540	2630	2580	2500	2600	

资料来源：

巴西

1. 巴西国家地理与统计局，年度工业调查，2005-2008 年。
2. 全国电力营运企业（NOS）和能源研究公司。
3. 能源研究公司。

俄罗斯

俄罗斯联邦统计局。

印度

印度中央统计局。

中国

1. 中华人民共和国国家统计局　工业统计年报，2005-2010 年。
2. 中华人民共和国国家统计局　工业生产调查月报，2011 年。
3. 中华人民共和国 2011 年《国民经济和社会发展统计公报》。

南非

南非石油工业协会。

脚注：

巴西

(1) 指负载功率。

俄罗斯

(2) 工业生产指数为各种经济活动的综合指数。

(3) 2011年数据为初步数据。

印度

(4) 印度数据为财政年度数据，即当年4月1日到次年3月31日。

(5) 指公用事业单位（包括火电、水电和核电）和非公用事业单位的发电量。

(6) 初步数据。

中国

(7) 2011年数据为初步数据。

(8) 规模以上工业企业的覆盖范围在2011年进行了调整，即从2011年起为年主营业务收入2000万元以上工业企业，之前为年主营业务收入500万元以上的工业企业。

南非

(9) 包括：汽油、飞机燃料、照明石蜡、燃料油、沥青和液化石油气。

表 9.2.1 主要工业产品产量——巴西[1]

指标	单位	2005	2006	2007	2008	2009
原煤产量	万吨	600	700	700	700	700
天然气产量	亿立方米	178.80	197.81	180.94	216.08	197.57
铁矿石原矿产量	万吨	35700	45800	51700	40900	34100
钢产量	万吨	4433.1	4413.7	5110.2	5493.5	4271.0
乘用车产量	万辆	217.6	221.5	246.3	270.6	269.2
家用电冰箱产量	万台	529.4	610.5	641.4	702.2	759.9
电视机产量	万台	1062.4	1289.1	1139.3	1087.2	807.2
移动电话产量	万部	6428.5	6172.0	6926.5	6952.3	5585.4
家用洗衣机产量	万台	379.4	440.2	593.7	609.8	739.1
农用化肥产量	万吨	2087.8	2121.1	2703.1	2859.3	2813.2
锯材产量	万立方米	2318.2	2905.4	2267.4	2683.2	1845.3
机制纸及纸板产量	万吨	1600	1600	1700	1900	1900
水泥产量	万吨	3964.9	4155.5	4434.1	5250.8	5362.9
棉布产量	万米	80	100	100	100	100
毛机织物(呢绒)产量	万套	210.2	197.0	231.4	183.5	104.3
鞋产量	吨	55351	22364	21091	32396	66195

资料来源：

巴西国家地理与统计局，年度二业调查，2006-2010 年。

脚注：

(1) 自 2005 年起，年度工业调查覆盖所有雇员超过 30 人的公司。

表 9.2.2　主要工业产品产量——俄罗斯

指　标	单　位	2005	2006	2007	2008	2009	2010	2011 [1]
原煤产量	亿吨	2.99	3.10	3.14	3.29	3.01	3.22	3.34
天然气产量	亿立方米	6.41	6.56	6.53	6.66	5.83	6.51	6.69
铁矿石原矿产量[2]	万吨	9510	10200	10500	10000	9190	9590	10400
钢产量	万吨	6626.2	7081.6	7237.0	6871.1	5935.2	5684.6	6839.8
乘用车产量	万辆	106.9	117.8	129.4	147.0	61.0	121.0	173.7
家用电冰箱产量[3]	万台	277.8	299.5	353.9	372.8	275.0	355.7	410.2
电视机产量	万台	627.8	460.1	682.3	702.8	482.5	1187.6	1418.6
电话机产量	万部	33.5	30.8	19.6	19.2	11.1		
家用洗衣机产量	万台	158.2	201.6	271.3	269.4	226.0	275.8	303.0
农用化肥产量[4]	万吨	1662.5	1620.7	1730.0	1621.1	1464.0	1795.7 [5]	1879.1 [5]
锯材产量[6]	万立方米	2231.9	2235.9	2441.7	2178.3	1908.9	1923.8	2025.4
纸及纸板产量	万吨	710	740	760	770	740	760	760
水泥产量	万吨	4853.4	5473.1	5993.3	5354.8	4426.6	5038.9 [7]	5613.0 [7]
砖石产量	亿平方米	22.3	22.2	21.1	19.2	14.8	15.4	12.3
毛纺织物(地毯)产量	万平方米	3030	2900	2870	2390	1310	1580	1400
鞋产量	万双	6676.1	7867.1	7923.7	8191.8	8117.4	10258.9	10712.0

资料来源：

俄罗斯联邦国家统计局。

附注

(1) 初步数据。

(2) 2010年以后指精矿。

(3) 家用电冰箱和冷冻柜。

(4) 100%有效量。

(5) 矿物和化学肥料。

(6) 包括枕木。

(7) 硅酸盐水泥、矾土水泥、矿渣水泥以及水凝水泥。

表 9.2.3　主要工业产品产量——印度

指　标	单 位	2004/05	2005/06	2006/07	2007/08	2008/09	2009/10	2010/11
原煤产量	亿吨	3.83	4.07	4.31	4.57	4.93	5.32(1)	
天然气产量	亿立方米	317.6	322.0	317.5	324.0	328.5	475.1(1)	
铁矿石原矿产量(生铁和海绵铁)	万吨	1400	1700	2300	2600	2700	2600	3000
粗钢产量(2)	万吨	4300	4600	5100	5400	5800	6580	
乘用车产量	万台	96.5	104.8	123.9	142.2	151.7	191.0	245.3
家用电冰箱产量	万台	333.4	417.8	503.5	614.0	671.5	800.2	871.6
彩色电视机产量(显像管)	万台	802.1	680.0	751.8	649.0	678.3	920.6	
家用洗衣机产量	万台	146.4	171.1	180.6	219.1	256.4	304.9	308.0
农用化肥产量(3)	万吨	1532.5	1556.4	1615.3	1473.8	1433.4	1622.2	
纸及纸板产量	万吨	600	600	600	600	700	700	
水泥产量(所有种类)	万吨	12500	14100	15500	16800	18100	20100	
棉布产量(不包括针织品)	亿平方米	132.25	152.49	166.69	172.48	167.20	172.16	188.92
鞋产量(4)	万双	19200	19700	21000	22000	22900	23900	

资料来源：

印度中央统计局（能源统计和工业生产指数），钢铁联合委员会。

脚注：

(1) 初步数据。

(2) 是指与出钢相关的产品产量。

(3) 化肥产量数据是指氮肥和磷肥。

(4) 包括印度和西方样式的皮鞋。

表 9.2.4　主要工业产品产量——中国

指　　标	单　位	2005	2006	2007	2008	2009	2010	2011[1]
原煤产量	亿吨	23.50	25.29	26.92	28.02	29.73	32.35	35.20
天然气产量	亿立方米	493.20	585.53	692.40	802.99	852.69	948.48	1030.55
铁矿石原矿产量	万吨	42000	58900	70700	82700	88100	107771	132694
粗钢产量	万吨	35300	41900	48900	50300	57200	63723	68388
轿车产量	万辆	277.0	386.9	479.8	503.8	743.5	957.6	1012.7
家用电冰箱产量	万台	2987.1	3530.9	4397.1	4800.0	5930.5	7295.7	8699.2
彩色电视机产量	万台	8283.2	8375.4	8478.0	9187.1	9893.8	11830.0	12231.4
移动通信手持机产量	万部	30354.2	48013.8	54857.9	55945.1	68193.4	99827.4	113257.6
家用洗衣机产量	万台	3035.5	3560.5	4005.1	4447.0	4973.6	6247.7	6671.2
农用化肥(折纯)产量	万吨	5177.9	5345.1	5825.0	6028.1	6385.0	6337.9	6217.2
锯材产量	万立方米	1790.3	2486.5	2829.1	2841.0	3229.8	3722.6	3000.0
机制纸及纸板产量	万吨	6200	6900	7800	8400	9000	9833	11034
水泥产量	万吨	106900	123700	136100	142400	164400	188191	208500
棉布产量	亿米	196.58	235.49	271.12	423.64	319.62	383.30	363.50
毛机织物(呢绒)产量	亿米	3.30	4.45	5.45	8.50	4.95	5.66	5.18
皮革鞋靴产量	亿双	25.25	30.03	32.29	33.15	35.46	41.93	42.71

资料来源：

1. 中华人民共和国国家统计局，工业统计年报，2005-2010 年。
2. 中华人民共和国国家统计局，工业生产调查月报，2011 年。
3. 中华人民共和国 2011 年《国民经济和社会发展统计公报》。
4. 中华人民共和国国家林业局，统计年报，2005-2011 年。

附注：

(1) 2011 年为初步数据。

表 9.2.5　按行业划分的主要工业产品销售额——南非

指　标	单　位	2005	2006	2007	2008	2009	2010
钢铁产品销售额	亿兰特	652.72	784.18	978.53	1314.87	775.91	921.80
汽车销售额	亿兰特	737.42	869.32	902.09	981.00	696.65	822.69
家用电器销售额	亿兰特	87.25	99.90	101.76	99.68	94.42	96.90
基本化学品(包括肥料)销售额	亿兰特	393.61	452.07	541.58	784.86	562.37	608.54
锯木及刨木销售额	亿兰特	63.62	72.31	77.89	79.33	64.12	71.70
纸和纸品销售额	亿兰特	347.86	384.61	411.85	494.08	460.59	503.75
非金属矿产品(包括水泥)销售额	亿兰特	261.52	288.61	326.34	351.49	334.21	340.20
纺织品(包括棉织品)销售额	亿兰特	63.94	63.89	67.66	67.80	60.20	55.23
鞋销售额	亿兰特	28.03	29.53	31.77	35.38	36.05	37.31

资料来源：

南非国家统计局。

主要统计指标解释：

国家解释：

印度

工业生产指数 是一个相关产量的简单加权算术平均值，权重与年度工业调查所取得的工业部门产值成正比。在行业层级，权重按各行业总产值比例分配。

新的印度工业生产指数基期 是 2004/05 年，涵盖范围扩大到 682 个调查品（可以合并成 399 个调查品类别，其中采矿业有 1 类，制造业 397 类，电力行业 1 类），包括 61 个采矿业调查品，620 个制造业调查品，电力部门 1 个调查品。这三个部门在印度全国工业生产指数中的权重分别为 14.16%、75.53% 和 10.32%。工业分类依照 2004 年印度国家行业分类标准（NIC－2004）。

中国

工业生产指数 为使用生产者价格指数缩减法所计算的规模以上工业企业的工业增加值的发展速度。2011 年起规模以上工业企业为年主营业务收入 2000 万元以上工业企业，之前为年主营业务收入 500 万元以上的工业企业。

农用化肥产量 按 100% 折纯计算。

锯材 是指以原木为原料，利用锯木机械或手工工具将原木纵向锯成具有一定断面尺寸（宽、厚度）的木材加工生产活动而形成的锯材

金砖国家

联合统计手册

2012

第十章 能源

图 10.1 能源生产量和消费量

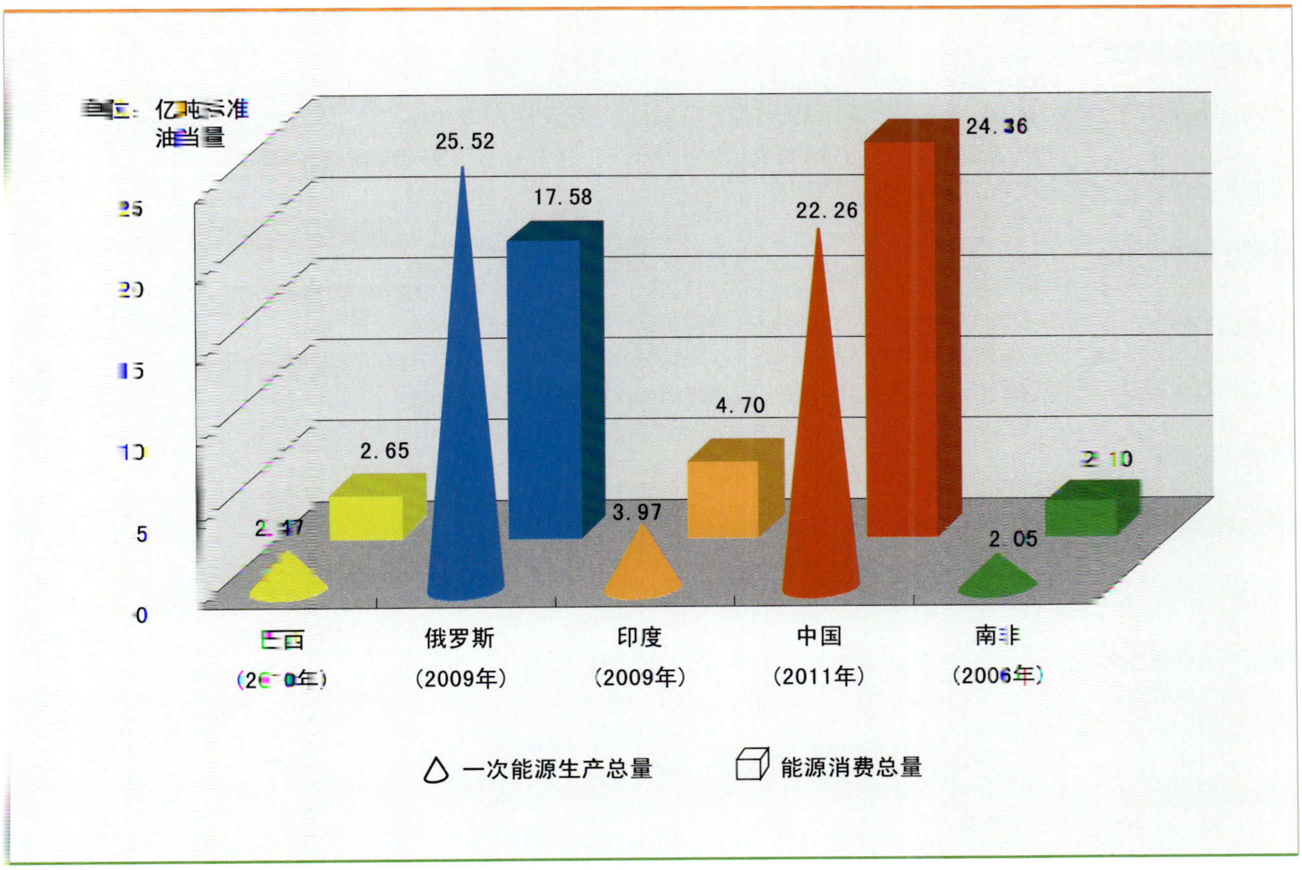

表 10.1　能源概况

指标	单位	2005	2006	2007	2008	2009	2010	2011
一次能源生产总量								
巴西	万吨标准油当量	19300	20500	21600	22800	23100	24700	
俄罗斯[4]	万吨标准油当量	253000	260400	262800	265800	255200[(P)]	270700	
印度	万吨标准油当量	33100	35500	36900	38300	39700		
中国[1]	万吨标准油当量	151400	162500	173100	182400	192200	207800	222600[3]
南非								
能源总消费量								
巴西	万吨标准油当量	21600	22400	23600	25000	24100	26500	
俄罗斯[4]	万吨标准油当量	172700	177500	179100	182000	175800[(P)]	184400	
印度	万吨标准油当量	33600	36300	38800	41700	47000		
中国[1]	万吨标准油当量	165200	181100	196400	204000	214700	227500	243600[3]
南非								
人均能源消费量								
巴西	千克标准油当量	1179	1206	1258	1317	1258	1371	
俄罗斯[5]	千克标准油当量	12	13	13	13	12[(P)]		
印度	千克标准油当量	301	320	338	359	400		
中国[2]	千克标准油当量	1267	1381	1490	1540	1612	1700	
南非								
能源净进口量占能源消费总量的比重								
巴西	%	10.7	8.5	8.5	8.6	4.2	9.6	
俄罗斯	%	1.9	1.8	1.8	2.1	2.0[(P)]		
印度								
中国	%	6.6	7.8	8.9	9.2	12.7	14.4	
南非								
电力出口								
巴西	万千瓦小时	16000	28300	203400	68900	108000	125700	
俄罗斯	万千瓦小时	2252000	2092700	1846800	2073800	1792300		
印度								
中国	万千瓦小时	1119000	1227000	1457000	1664000	1739000	1906000	
南非[6]	万千瓦小时	1288400	1376600	1449600	1416800	1405200	1464500	
电力进口								
巴西	万千瓦小时	3920200	4144700	4086600	4290100	4106400	4369700	
俄罗斯	万千瓦小时	1013900	511500	567000	310500	306600[(P)]		
印度								
中国	万千瓦小时	501000	539000	425000	384000	601000	555000	
南非[7]	万千瓦小时	919900	978200	1134800	1057200	1229500	1219300	
电力消费								
巴西								
俄罗斯	万千瓦小时	94070000	98000000	100250000	102270000	97710000	102060000	
印度								
中国	万千瓦小时	249403000	285880000	327118000	345414000	370322000	419345000	
南非	万千瓦小时	22325500	23132300	24117000	23592400	22959900	23827200	

资料来源：

巴西

巴西矿业和能源部。

俄罗斯

俄罗斯联邦统计局，2011 年短期能源平衡表。

印度

印度中央统计局，能源统计，2008 年和 2010 年。

中国

1　中华人民共和国国家统计局，《中国能源统计年鉴》，2005-2011 年。

2　中华人民共和国 2011 年《国民经济和社会发展统计公报》。

3　中华人民共和国国家统计局，工业统计年报，2005-2011 年。

南非

南非国家统计局，2011 年 1 月统计发布 P4141 和能源账户。

脚注

中国

(1)　一次能源生产总量和能源消费总量中的电力、热力按等价热值折算。

(2)　人均能源消费量按年平均人口计算。

(3)　初步数据。

俄罗斯

(1)　初步数据。

(2)　百万吨标准燃料当量（指在天然燃料如油、煤、气的标准热当量）。

(3)　百万吨标准燃料。

南非

(1)　指在南非边界按计量体系测算的流出南非的能源物质。

(2)　指在南非边界按计量体系测算的流入南非的能源物质。

表 10.2.1　能源平衡表(2010年)——巴西、俄罗斯和中国

（单位：万吨标准油当量）

指　标	一次能源产量					库存增加	进　口	出　口
	总　计	固　态	液　态	气　态	电　力			
巴西	24700	8900	10900	1400	3400		6300	3800
俄罗斯[1]	268300	20000[2]	117300[3]	74900	56100[4]	-1620	3050	85300
中国	207800	155100[7]	20300[7]	8800[7]	19600[7]	-11400	39100[8]	6200[8]

表 10.2.1　能源平衡表(2010年)——巴西、俄罗斯和中国

指　标	燃料舱能源消费		平衡差	人均消费量（千克）	消费量				
	空运	海运			总计	固态	液态	气态	电力
巴西	200	400	100		26500	10000	10200	2500	3700
俄罗斯[1]		200[6]		12[5]	175800	13600	58200	50100	53900[4]
中国			1800	1700	227500	155100	43200	9900	19300

资料来源：

巴西

巴西矿业和能源部。

俄罗斯

2010 年短期能源平衡表。

中国

中华人民共和国国家统计局。

脚注：

俄罗斯

(1) 万吨标准燃料当量（指天然燃料如油、煤、气和石油产品等的标准热当量）。

(2) 煤、页岩油、燃料泥炭（具有相对湿度）、木柴。

(3) 石油提取物，包括液化天然气，燃料加工品，能源的易燃派生产品（派生燃料）。

(4) 电力和热力。

(5) 吨标准燃料。

(6) 燃料舱能源消费总量。

中国

(7) 固态为煤炭，液态为石油，气态为天然气，电力为水电、核电及其他诸如风能和地热能等发电的一次电力。

(8) 进口量和出口量采用海关统计数据。进口量中包括中国轮船、飞机在国外加油量，出口量中包括外国轮船、飞机在中国加油量。

表 Ⅱ.2.3 能源商品平衡表(2007/08、2008/09和2009/10年)——印度

指标	2007/08	2008/09	2009/10	2007/08	2008/09	2009/10	2007/08	2008/09	2009/10	2007/08	2008/09	2009/10
	原煤(万吨)			褐煤(万吨)			液化石油气和乙烷(万吨)			石脑油(万吨)		
供给和消费量												
生产	[illegible]	49276	53206	3398	3242	3407	673	700		1644	1483	
来自其他资源							2060	2162				
进口	[illegible]	5900	7326				283	236		595	502	
出口	[illegible]	166	245				10	11		[illegible]	760	
库存增加	243	-54	1680	-67	-58	75		149				
国内供应	**[illegible]**	**54957**	**58607**	**3465**	**3300**	**3482**	**1172**	**1163**		**[illegible]**	**1225**	
统计差额	-35	220	-116	0	58	59	14	67		[illegible]	237	
转换	**[illegible]**	**38106**	**41106**	**2699**	**2754**	**2792**						
发电厂	[illegible]	38106	41106	2683	2754	2792						
鼓风炉/煤气厂	38			15								
焦煤/焦油/褐煤块												
泥煤工厂	3922	1577										
能源部门	**31**									**75**	**142**	
燃料开采和提炼	31											
最终消费	**[illegible]**	**54737**	**58723**	**3466**	**3242**	**3443**	**1158**	**1096**		**1329**	**987**	
工业部门	**[illegible]**	**16547**	**17541**	**767**	**488**	**651**	**9**	**9**		**779**	**320**	
钢铁	[illegible]	3885	4112			27				5	7	
化学与原油	[illegible]	309	263	92	70	11	1	1		605	133	
有色金属	66	87										
非金属矿	2135	2135		96	96	105						
机械		120										
采掘业		47										
纸张、纸浆和印刷	264	216		35	37	47						
水泥				1312	34	48	34					
纺织品和皮革产品	37	253		77	246	256						
其他	5213	2957		469	45	157	9	9		169	180	
其他部门	**65**	**85**					**1149**	**1087**		**475**	**526**	
住户	42	38					1117	1064				
其他	23	47					32	23		475	526	

表 10.2.3 能源商品平衡表(2007/08、2008/09、2009/10年)——印度

（续表）

指 标	煤油(万吨)			天然气/柴油(万吨)			重油(万吨)			电力(亿千瓦时)		
	2007/08	2008/09	2009/10	2007/08	2008/09	2009/10	2007/08	2008/09	2009/10	2007/08	2008/09	2009/10
供给和消费量												
生产	779	822	855	5903	6350	7761	1580	1768	1754	7226	7466	7963
其他资源										905	959	1097
进口	249	142	99	295	279	253	119	164	76	52	59	54
出口	14	8	5	1431	1469	1846	472	612	517	3	376	413
国际海运燃料舱					2			3				
库存增加					-960	-960			-957			
国内供给	**1015**	**957**	**948**	**4766**	**6119**	**7128**	**1224**	**1320**	**2269**	**8180**	**8109**	**8700**
统计差额	78	27	18	-56	-385	168	36	153	-50	70	2576	2605
转换				**310**	**351**	**386**	**63**	**454**	**457**	**455**	**476**	**497**
发电厂				310	351	386	63	454	457			497
能源部门				**37**	**95**	**138**					**172**	**316**
燃料开采和提炼				37	95	138						
其他能源部门												
配送损耗										1875	1803	2199
最终消费	**937**	**930**	**930**	**4822**	**6348**	**6960**	**1188**	**2435**	**2320**	**6235**	**5533**	**6095**
工业部门	**19**	**4**	**4**	**217**	**1442**	**1698**	**294**	**938**	**950**	**2654**	**2095**	**2304**
钢铁				19	22	49	89	232	235			
化学燃料和原油				8	13	39	199	318	329			
交通运输设备					1195	1333						
采掘业				37	103	119		100	101			
纺织品和皮革					9	15		18	10			
其他	19	4	4	153	100	143	7	271	275	2654	2095	2304
交通运输部门				**2408**	**3068**	**3212**	**32**	**236**	**158**	**111**	**604**	**897**
国内航空				0	0	1						
公路				2355	2775	2875	6	50	52			
铁路				35	217	271		3	4	111	114	126
国内水运				18	76	65	26	85	66			
其他								99	36		489	772
其他部门	**918**	**926**	**926**	**1851**	**1391**	**1526**	**800**	**808**	**755**	**3014**	**3990**	**4279**
住户	916	913	913							1209	1317	1449
通讯和公共服务										61	542	596
农业/林业				901	1014	1125		53	67	1042	1096	1206
其他	2	13	13	950	377	402	800	755	688	702	1035	1028

资料来源：

印度中央统计局，能源统计，2008 年和 2010 年。

表 10.2.4　能源概况——中国

指标	单位	2005	2006	2007	2008	2009	2010	2011[1]
原油消费量	万吨	30086	32245	34032	35498	38129	42875	
汽油消费量	万吨	4855	5243	5519	6146	6173	5886	
火电发电量	亿千瓦时	20473	23696	27229	27072	29828	33319	
水电生产量	亿千瓦时	3970	4358	4853	6370	6155	7222	6940
核电生产量	亿千瓦时	531	548	621	684	701	739	864

资料来源

1. 中华人民共和国国家统计局，《中国能源统计年鉴》，2005-2011 年。
2. 中华人民共和国 2011 年《国民经济和社会发展统计公报》。
3. 中华人民共和国国家统计局，工业统计年报，2005-2011 年。

脚注

(1) 2011 年为初步数据。

表 10.2.5 能源供给、使用和能源使用流量占比(2006年)——南非

指标	单位	煤炭	原油	电力	天然气	水电
能源供给量						
a.国内生产量	万亿焦耳	5788411	287766	856008	125797	9895
b.进口量	万亿焦耳	57428	926356	38246	52202	
c.供给总量(a+b)	万亿焦耳	5845839	1214122	894255	177998	9895
能源使用量						
a.按行业划分的中间消耗量	万亿焦耳	3568553	1193284	601218	177998	9895
农业和渔业	万亿焦耳	763		21029		
商业部门	万亿焦耳	76399		103798	864	
建筑业	万亿焦耳			194		
电、气和蒸汽生产	万亿焦耳	2032129		14766	72314	9895
制造业	万亿焦耳	1405978	1193284	335491	101920	
采掘业	万亿焦耳	53282		113412	2900	
运输、仓储及通讯业	万亿焦耳			12527		
b.库存增加	万亿焦耳	197741				
c.私人消费总量	万亿焦耳	152604		219435		
热力、电力等的消费量	万亿焦耳	152604		219435		
d.出口	万亿焦耳	1926942	20838	48920		
e.配送损耗	万亿焦耳					
f.使用总量(a+b+c+d+e)	万亿焦耳	5845839	1214122	894255	177998	9895
能源使用流量占比						
总量	%	**100.0**	**100.0**	**100.0**	**100.0**	**100.0**
农业和渔业	%			2.4		
商业部门	%	1.3		11.6	0.5	
建筑业	%					
电、气及蒸汽生产	%	34.8		1.7	40.6	100.0
制造业	%	24.1	98.3	37.5	57.3	
采掘业	%	0.9		12.7	1.6	
运输、仓储及通讯业	%			1.4		
国内使用	%	2.6		24.5		
出口	%	33.0	1.7	5.5		
库存增加	%	3.4		2.8		
进口	%	**1.0**	**76.3**	**4.3**	**29.3**	

表 10.2.5　能源供给、使用和能源使用流量占比(2006年)——南非

（续表）

指　标	单　位	核　能	石油产品	可再生品和废物利用	能源供给总量或消费总量
能源供给量					
a.国内生产量	万亿焦耳	109375	991004	430427	8598682
b.进口量	万亿焦耳		135264		1209496
c.供给总量(a+b)	万亿焦耳	109375	1126267	430427	9808178
能源使用量					
a.按行业划分的中间消耗量	万亿焦耳	109375	853589	240027	6753938
农业和渔业	万亿焦耳		48592		70385
商业部门	万亿焦耳		43071		224133
建筑业	万亿焦耳		15470		15665
电、气和蒸汽生产	万亿焦耳	109375		240027	2478506
制造业	万亿焦耳				3036673
采掘业	万亿焦耳		32388		201982
运输、仓储及通讯业	万亿焦耳		714069		726596
b.库存增加	万亿焦耳		424		198165
c.最终消费总量	万亿焦耳		38867	190400	601305
热力、电力等的消费量	万亿焦耳		38867	190400	601305
d.出口	万亿焦耳		233387		2230088
e.配送损失	万亿焦耳				24682
f.使用总量(a+b+c+d+e)	万亿焦耳	109375	1126267	430427	9808178
能源使用流量占比					
总量	%	**100.0**	**100.0**	**100.0**	
农业和渔业	%		4.3		
商业部门	%		3.8		
建筑业	%		1.4		
电、气及蒸汽生产	%	100.0		55.8	
制造业	%				
采掘业	%		2.9		
运输、仓储及通讯业	%		63.4		
国内使用	%		3.5	44.2	
出口	%		20.7		
库存增加	%		0.0		
其他	%		**12.0**		

资料来源：

南非国家统计局。

主要统计指标解释：

国家解释：

中国

一次能源生产总量 是指一定时期内，全国一次能源生产量的总和。该指标是观察全国能源生产水平、规模、构成和发展速度的总量指标。一次能源生产量包括原煤、原油、天然气、水电、核能及其他动力能（如风能、地热能等）发电量，不包括低热值燃料生产量、生物质能、太阳能等的利用和由一次能源加工转换而成的二次能源产量。

能源消费总量 是指一定时期内，全国各行业和居民生活消费的各种能源的总和。该指标是观察能源消费水平、构成和增长速度的总量指标。能源消费总量包括原煤和原油及其制品、天然气、电力，不包括低热值燃料、生物质能和太阳能等的利用。能源消费总量分为终端能源消费量、能源加工转换损失量和能源损失量三部分。

第十一章 农业、林业、牧业和渔业

图 11.1　耕地面积和谷物产量

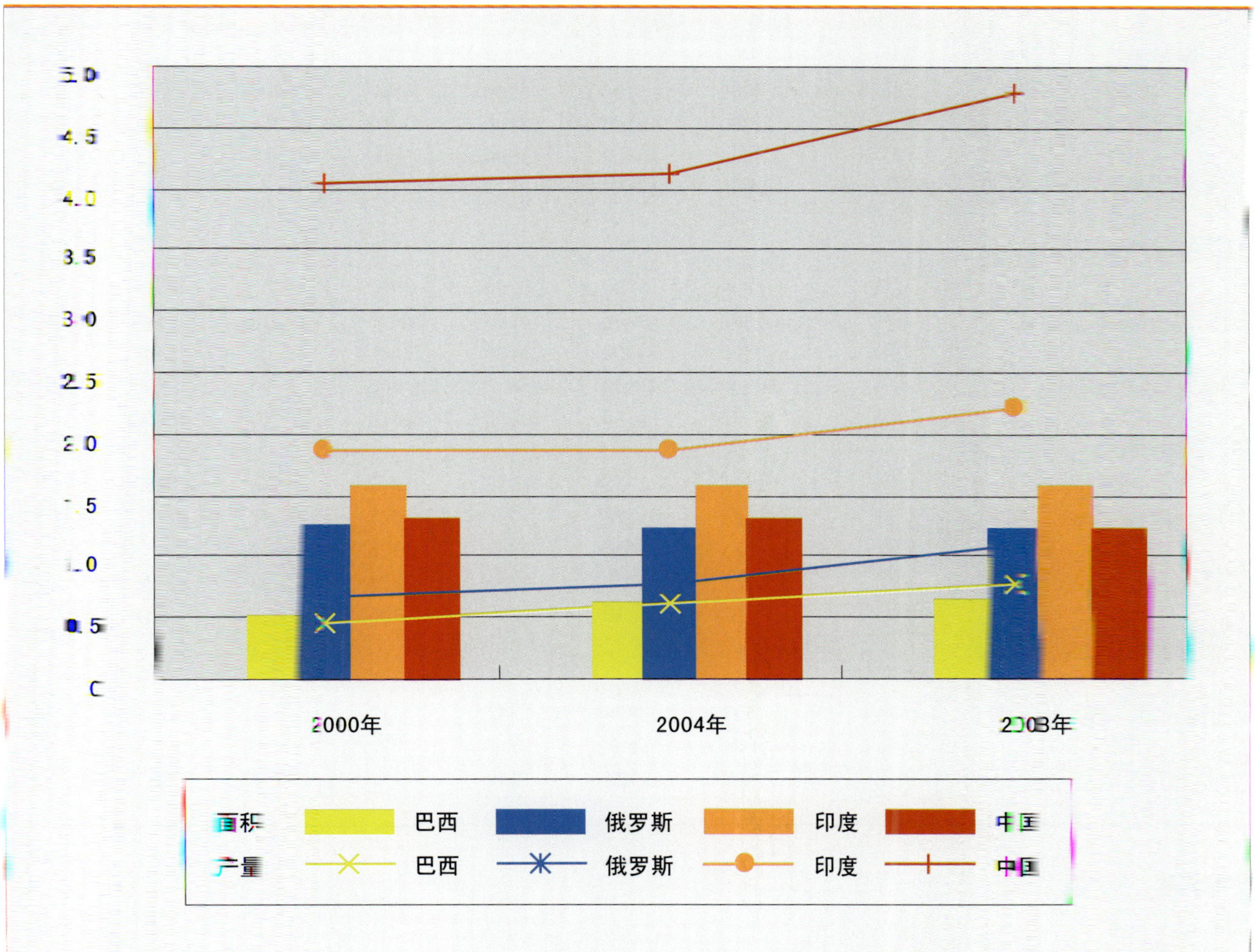

注：（1）柱状图为耕地面积，单位为亿公顷。
　　（2）折线图为谷物产量，单位为亿吨。

表 11.1　农业、林业、牧业和渔业概况

指　标	单　位	2005	2006	2007	2008	2009	2010	2011
耕地面积								
巴西	万公顷	6300	6100	6200	6500	6400	6500	
俄罗斯[3]	万公顷	12200	12200	12200	12200	12200	12140	
印度[5]	万公顷	15600	15500	15600	15600			
中国[6]	万公顷	13000	12178	12174	12172			
南非								
谷物产量								
巴西[1]	万吨	5300	5700	6700	7700	6800	7300	
俄罗斯	万吨	7800	7800	8200	10820	9710	6100	9330[4]
印度[5]	万吨	19500	20300	21600	22000	20400	22300	
中国	万吨	42800	45100	45600	47800	48200	49600	51939
南非	万吨	14930	10180	10060	16610	16010	15850	
肉类产量								
巴西[2]	万吨	1637	1735	1852	1947	1953	2075	
俄罗斯	万吨	499	528	579	627	672	717	748
印度	万吨	231	230	369	378	402		
中国	万吨	6939	7089	6866	7279	7650	7926	7957
南非	万吨	193	210	219	226	231	253	
鱼类捕获量								
巴西								
俄罗斯	万吨	321	326	342	333	373		
印度	万吨	6.6	6.9	7.1	7.6	7.9		
中国	万吨	907	924	920	951	957	987	
南非								

资料来源：

巴西

巴西国家地理与统计局，地方农业生产调查和季度牲畜屠宰调查。

俄罗斯

1. 俄罗斯联邦统计局。2. 俄罗斯联邦登记、地籍和制图局。

印度

印度农业部经济和统计局。

中国

1. 中华人民共和国国家统计局，《中国统计年鉴》，2011 年。
2. 中国耕地面积数据来源于中华人民共和国国土资源部。
3. 中华人民共和国 2011 年《国民经济和社会发展统计公报》。

脚注：

巴西

(1) 指主要谷物（玉米、稻谷和小麦）。(2) 指主要肉类（牛肉、鸡肉和猪肉）。

俄罗斯

(3) 数据由俄罗斯联邦登记、地籍和制图局生产和发布。 (4) 初步数据。

印度

(5) 所有数据均为财政年度数据，即当年 4 月 1 日至下年 3 月 31 日。

中国

(6) 2005-2006 年耕地面积数据来自 1996 年第一次全国农业普查“土地利用调查主要数据公报”。

表 11.2.1 农业、林业、牧业和渔业——巴西

指标	单位	2005	2006	2007	2008	2009	2010
农作物播种面积或收获面积	万公顷	6260	6130	6170	6460	6450	6330
按品种划分的农作物播种面积							
或收获面积比重							
大豆	%	36.6	35.9	33.3	32.9	[illegible]	[illegible]
玉米	%	18.4	20.6	22.3	22.4	[illegible]	[illegible]
甘蔗	%	9.3	10.4	11.5	12.6	[illegible]	[illegible]
豆类	%	6.0	6.6	6.1	5.9	6.1	5.6
稻谷	%	6.3	4.8	4.7	4.4	4.5	4.3
咖啡	%	3.8	2.5	3.0	3.7	3.3	3.3
小麦	%	3.7	3.8	3.7	3.4	3.3	3.3
木薯	%	3.0	3.1	3.1	2.9	2.7	2.8
棉花	%	2.0	1.5	1.8	1.6	1.3	1.3
桔子	%	1.3	1.2	1.1	1.3	1.2	1.3
腰果	%	1.3	1.3	1.3	1.3	1.2	1.2
高粱	%	1.1	1.2	1.2	1.2	1.2	1.0
可可	%	1.0	1.1	1.0	1.0	1.0	1.0
香蕉	%	0.8	0.8	0.8	0.8	0.7	0.8
烟草	%	0.8	0.8	0.7	0.7	0.7	0.7
椰子	%	0.5	0.5	0.5	0.4	0.4	0.4
燕麦	%	0.4	0.5	0.5	0.4	0.4	0.3
剑麻	%	0.4	0.2	0.3	0.2	0.2	0.4
蓖麻子	%	0.2	0.2	0.2	0.2	0.2	0.2
主要农产品产量							
大豆	万吨	5118	5247	5786	5983	5735	6876
玉米	万吨	3511	4266	5211	5893	5075	5540
甘蔗	万吨	42296	47741	54971	[illegible]	[illegible]	[illegible]
豆类	万吨	302	346	317	[illegible]	349	316
稻谷	万吨	1319	1153	1106	[illegible]	1265	1124
咖啡	万吨	214	257	225	[illegible]	244	[illegible]
小麦	万吨	466	249	411	[illegible]	506	[illegible]
木薯	万吨	2587	2664	2654	[illegible]	2440	2452
棉花	万吨	367	290	411	393	290	295
桔子	万吨	1785	1803	1869	1854	1762	1810
主要农产品单产							
大豆	公斤/公顷	2230	2380	2813	[illegible]	2637	2947
玉米	公斤/公顷	3040	3382	3785	[illegible]	3715	4367
甘蔗	公斤/公顷	72854	75118	77632	[illegible]	[illegible]	79044
豆类	公斤/公顷	806	857	837	[illegible]	850	923

表 11.2.1 农业、林业、牧业和渔业——巴西

（续表）

指 标	单 位	2005	2006	2007	2008	2009	2010
稻谷	公斤/公顷	3369	3880	3826	4231	4405	4127
咖啡	公斤/公顷	920	1113	993	1259	1143	1346
小麦	公斤/公顷	1973	1593	2220	2550	2080	2829
木薯	公斤/公顷	13606	14046	14010	14137	13861	13720
棉花	公斤/公顷	2914	3228	3653	3744	3570	3555
桔子	公斤/公顷	22160	22375	22752	22159	22380	23331
水果产量	万吨	3986	4170	4280	4254	4141	4240
牲畜存栏数							
牛	万头	20716	20589	19975	20231	20531	20954
鸡	万头	81247	81989	93004	99099	102122	102815
蛋鸡	万只	18657	19162	19762	20771	20887	21076
绵羊	万头	1559	1602	1624	1663	1681	1738
猪	万头	3406	3517	3595	3682	3805	3996
肉类产量							
牛肉	万吨	635	689	705	662	666	698
鸡肉	万吨	787	816	899	1022	994	1069
猪肉	万吨	216	230	248	264	293	308
奶类产量							
牛奶	万升	2462100	2539800	2613700	2758500	2908500	3071500

表 11.2.2 农业、林业、牧业和渔业——俄罗斯

指 标	单 位	2005	2006	2007	2008	2009	2010	2011
农业生产指数(上年=100)		101.6	103.0	103.3	110.8	[illegible]	[illegible]	[illegible][(1)]
所有农业企业(农场)生产指数		102.7	100.3	102.3	118.0	[illegible]	[illegible]	[illegible][(1)]
所有[illegible](农场)生产指数		100.4	105.6	104.3	103.0	[illegible]	[illegible]	[illegible][(1)]
农作物播种面积或收获面积	万公顷	7580	7530	7480	7690	[illegible]	7519	[illegible][(1)(3)]
主要农作物种植面积占比								
稻谷	%	0.2	0.2	0.2	0.2	[illegible]	[illegible]	0.3
小麦	%	33.4	31.3	32.6	34.6	[illegible]	[illegible]	[illegible]
玉米	%	1.1	1.4	2.0	2.4	[illegible]	[illegible]	2.2
大豆	%	1.0	1.1	1.0	1.0	[illegible]	[illegible]	1.6
薯类	%	0.1	0.1	0.1	0.1	[illegible]	[illegible]	0.1
油料	%	8.8	10.2	9.3	10.1	[illegible]	[illegible]	[illegible]
油菜籽	%	0.3	0.7	0.9	0.9	[illegible]	[illegible]	1.2
纤维作物	%	0.1	0.1	0.1	0.1	[illegible]	[illegible]	0.1
甜菜	%	1.1	1.3	1.4	1.1	[illegible]	[illegible]	1.7
蔬菜	%	0.9	0.8	0.8	0.8	[illegible]	[illegible]	0.9
主要农产品产量								
谷物	万吨	7780	7823	8147	10818	[illegible]	[illegible]	[illegible][(1)]
油菜籽	万吨	30	52	63	75	[illegible]	[illegible]	[illegible][(1)]
马铃薯	万吨	2814	2826	2720	2885	[illegible]	[illegible]	[illegible][(1)]
甜菜	万吨	2128	3067	2884	2900	[illegible]	[illegible]	[illegible][(1)]
水果	万吨	272	217	281	266	[illegible]	[illegible]	[illegible][(1)(4)]
主要农产品单产								
谷物	公斤/公顷	1850	1890	1980	2380	[illegible]	[illegible]	[illegible][(1)]
棉花	公斤/公顷	620	600	850	1500			
油菜籽	公斤/公顷	1330	1160	1180	1200	[illegible]	[illegible]	[illegible]
马铃薯	公斤/公顷	12380	13330	13200	13750	[illegible]	[illegible]	[illegible]
甜菜	公斤/公顷	28230	32540	29200	36240	[illegible]	[illegible]	[illegible]
烟草	公斤/公顷	690	660	3020	2450	[illegible]	[illegible]	[illegible]
水果	公斤/公顷	4980	4390	5840	5610	[illegible]	[illegible]	
主要种类的水果产量								
[illegible]	万吨	122.1	98.7	134.1	117.8	[illegible]	[illegible]	[illegible]
[illegible]	万吨	42.5	22.3	41.5	48.0	[illegible]	[illegible]	49.6
[illegible]	万吨	0.6	0.5	0.7	0.8	[illegible]	[illegible]	1.0

表 11.2.2　农业、林业、牧业和渔业——俄罗斯

（续表）

指　标	单　位	2005	2006	2007	2008	2009	2010	2011
亚热带水果	万吨	0.17	0.22	0.16	0.18	0.19	0.20	0.21(1)
柑橘	万吨	0.01	0.01	0.01	0.01	0.01	0.01	0.01(1)
地面浆果	万吨	75.1	72.3	73.9	73.3	75.2	67.0	74.9(1)
葡萄	万吨	32.2	23.4	31.5	26.8	29.9	32.4	41.2(1)
按品种划分的牲畜数量（年末数）								
黄牛	万头	2163	2156	2155	2104	2067	1997	2007(1)
水牛	万头	1381	1619	1634	1616	1723	1722	1733(1)
肉羊和山羊	万头	1858	2019	2150	2177	2199	2182	2240(1)
肉类产量	万吨	499	528	579	627	672	717	748(1)
奶	万吨	3107	3134	3199	3236	3257	3185	3174(1)
牛奶	万吨	3065	3119	3192	3212	3233	3159	
禽蛋	亿枚	371	382	382	381	394	406	
鱼类捕获量	万吨	321	326	342	333	373		
农用拖拉机和联合收割机								
年底拥有量(6)	万台	48	44	41	36(2)	33(2)	31(2)	
化肥施用量(5)	公斤/公顷	25	27	32	36(2)	36(2)	38(2)	
圆木砍伐量	万立方米	11310	11760	13420	10820	9710	11220	
水果和蔬菜总产量	万吨	1.14	1.35	1.43	1.56	1.65	1.46	1.76(4)

资料来源：

俄罗斯联邦统计局。

脚注：

(1) 初步数据。

(2) 数据来自农业组织（不包括微型企业）。

(3) 总播种面积。

(4) 2005 年至 2011 年数据不包括坚果、浆果和葡萄。

(5) 指农业组织每公顷农作物所施用的矿物肥料。

(6) 不包括安装取土挖掘、开垦设备等的拖拉机。

表 11.2.3　农业、林业、牧业和渔业——印度

指　标	单　位	2004/05	2005/06	2006/07	2007/08	2008/09	2009/10
主要农作物生产指数(上年=100)		93.9	110.4	101.7	[illegible]	[illegible]	103.0
谷物		95.7	101.9	113.6	[illegible]	[illegible]	92.8
粮食		83.4	118.0	60.8	[illegible]	[illegible]	93.3
非粮食		98.4	112.2	114.3	[illegible]	[illegible]	108.4
水果和蔬菜		101.4	118.6	126.4	[illegible]	[illegible]	130.0
农作物播种总面积及品种构成							
农作物播种总面积	万公顷	19160	19330	19250	19520	[illegible]	[illegible][4]
谷物	%	50.8	51.3	52.2	51.3	[illegible]	
稻谷	%	21.9	22.6	22.8	22.3	[illegible]	
小麦	%	13.8	13.7	14.5	14.4	[illegible]	
玉米	%	3.9	3.9	4.1	4.2	[illegible]	
大豆	%	4.0	4.0	4.3	4.5	[illegible]	
油料作物	%	14.4	14.4	13.8	13.7	[illegible]	
花生	%	3.5	3.5	2.9	3.2	[illegible]	
油菜籽	%	3.8	3.8	3.5	3.0	[illegible]	
芝麻	%	1.0	0.9	0.9	0.9		
棉花	%	4.6	4.5	4.7	4.8	[illegible]	
其他纤维作物	%	0.5	0.5	0.5	0.5	[illegible]	
甘蔗	%	1.9	2.2	2.7	2.6	[illegible]	
木薯	%	0.1	0.1	0.1	0.1	[illegible]	
烟草	%	0.2	0.2	0.2	0.2	[illegible]	
茶	%	0.3	0.3	0.3	0.3		
蔬菜	%	3.5	3.7	3.9	4.0	[illegible]	
水果	%	2.7	2.8	2.9	3.0	[illegible]	
主要农产品产量							
谷类	万吨	18524	19521	20309	[illegible]	[illegible]	20361
棉花	万吨	1643	1850	2263	[illegible]	[illegible]	2393
花生	万吨	677	799	486	[illegible]	[illegible]	551
油菜籽	万吨	759	813	744	583	[illegible]	641
芝麻	万吨	67	64	62	76	[illegible]	59
马铃薯	万吨	2363.0	2391.0	2218.0	[illegible]	[illegible]	[illegible]
甘蔗	万吨	23708	28117	35552	[illegible]	[illegible]	[illegible]
烟草	万吨	55	55	55	52	[illegible]	62
水果	万吨	5095.2	5535.6	5956.3	[illegible]	[illegible]	7151.6
主要农产品单产(1)							
谷类	公斤/公顷	1903	1968	2021	2151	[illegible]	2077

表 11.2.3 农业、林业、牧业和渔业——印度

（续表）

指标	单位	2004/05	2005/06	2006/07	2007/08	2008/09	`2009/10
棉花	公斤/公顷	362	421	467	403	395	
花生	公斤/公顷	1187	866	1459	1163	1007	
油菜籽	公斤/公顷	1117	1095	1001	1143	1159	
芝麻	公斤/公顷	372	363	421			
马铃薯	公斤/公顷	17058	14943	18331	18810		
甘蔗	公斤/公顷	66928	69022	68877	64553	66099	
烟草	公斤/公顷	1481	1409	1417	1590		
肉类产量(2)	万吨	221.1	231.2	230.2	368.5(7)	378.2	401.6
奶类产量	万吨	9248.4	9706.6	10086.9	10484.4(7)	10858.7	11254.0
牛奶	万吨	3734.4	3975.9	4114.8	4460.1(7)	4700.6	4782.5
禽蛋产量(3)	亿枚	452.0	462.4	506.6	53581.1(7)	553.9	598.4
鱼类产量	万吨	6.3	6.6	6.9	7.1(7)	7.6	7.9
作为经营财产的农用机械数量(6)							
拖拉机	万台	1546.3(8)					
脱粒机	万台	623.3(8)					
收割机	万台	92.2(8)					
化肥施用量							
总量(N+P+K)	万吨	1830.8	2034.0	2165.1	2257.1	2490.9	
氮肥(N)	万吨	1171.3	1272.3	1377.3	1441.9	1509.1	
磷肥(P)	万吨	462.4	520.4	554.3	551.5	650.6	
钾(K)	万吨	206.1	241.3	233.5	263.6	331.2	
每公顷(5)	千克	94.5	105.5	111.8	116.5	128.6	

资料来源：

1. 印度农业部经济和统计局。
2. 印度农业部畜牧业、乳业和渔业司，新德里。
3. 印度化肥局，新德里。
4. 印度农业与合作局，新德里。
5. 各级地方秋季作物和早春作物协会。

脚注：

(1) 单产 = 产量 / 农作物面积。

(2) 自 2007/08 年起包括了商业性禽类饲养农场的肉产量。

(3) 禽蛋包括鸡蛋和鸭蛋。

(4) 初步数据。

(5) 根据 2006/07 年总播种面积初步数据推算。

(6) 2001 年 10 月 15 日按规模划分的、作为经营财产的农用机械估计数。

(7) 第 18 次牲畜普查的初步数据——以村级汇总而得。

(8) 为 2001/02 农业年度数据（当年 7 月至下年 6 月）。

表 11.2.4 农业、林业、牧业和渔业——中国

指标	单位	2005	2006	2007	2008	2009	2010	2011
农业生产指数及其分类(上年=100)①								
总指数		105.7	105.4	103.9	105.7	104.6	104.4	104.5
种植业产品		104.1	105.4	104.0	104.8	103.8	[illegible]	105.3
林业产品		103.2	105.6	106.9	108.1	107.1	[illegible]	107.5
畜牧业产品		107.8	105.0	102.3	106.8	105.8	[illegible]	101.2
渔业产品		106.5	106.0	104.8	106.0	105.8	[illegible]	104.5
农作物播种面积或收获面积	万公顷	15500	15200	15300	15600	15900	[illegible]	
按品种划分的农作物播种面积								
或收获面积占比								
稻谷	%	18.6	19.0	18.8	18.7	18.7	[illegible]	
小麦	%	14.7	15.5	15.5	15.1	15.3	[illegible]	
玉米	%	17.0	18.7	19.2	[illegible]	19.7	[illegible]	
大豆	%	6.2	6.1	5.7	5.8	5.8	[illegible]	
薯类	%	6.1	5.2	5.3	5.4	5.4	[illegible]	
油料	%	9.2	7.7	7.4	8.2	8.6	[illegible]	
花生	%	3.0	2.6	2.6	2.7	2.8	[illegible]	
油菜籽	%	4.7	3.9	3.7	4.2	4.6	[illegible]	
芝麻	%	0.4	0.4	0.3	0.3	0.3	[illegible]	
棉花	%	3.3	3.8	3.9	3.7	3.1	[illegible]	
麻类	%	0.2	0.2	0.2	0.1	0.1	[illegible]	
糖料	%	1.0	1.0	1.2	1.3	[illegible]	[illegible]	
甘蔗	%	0.9	0.9	1.0	1.1	[illegible]	1.1	
甜菜	%	0.1	0.1	0.1	0.2	[illegible]	[illegible]	
烟草	%	0.9	0.8	0.8	0.8	0.9	[illegible]	
蔬菜	%	11.4	10.9	11.3	11.4	11.5	[illegible]	
其他	%	4.8	4.5	4.4	[illegible]	3.5	[illegible]	
主要农产品产量								
谷物	万吨	42776.0	45099.2	45632.4	47847.4	48156.3	[illegible]	51938.7
棉花	万吨	571.4	753.3	762.4	749.2	637.7	[illegible]	[illegible]
花生	万吨	1434.2	1288.7	1302.7	1428.6	1470.8	[illegible]	[illegible]
油菜籽	万吨	1305.2	1096.6	1057.3	1210.2	1365.7	[illegible]	[illegible]
芝麻	万吨	62.5	66.2	55.7	58.6	62.2	[illegible]	[illegible]
马铃薯	万吨	1417.4	1289.7	1295.8	1415.6	[illegible]	[illegible]	
甘蔗	万吨	8663.8	9709.2	11295.1	12415.2	[illegible]	[illegible]	[illegible]
甜菜	万吨	788.1	750.8	893.1	1004.4	[illegible]	[illegible]	[illegible]
烟叶	万吨	268.3	245.6	239.5	283.8	[illegible]	[illegible]	[illegible]
茶	万吨	93.5	102.8	116.5	125.8	[illegible]	[illegible]	[illegible]
水果		16120.1	17102.0	18136.3	19220.2	[illegible]	[illegible]	[illegible]
前五种水果的面积								
柑橘	万公顷	17.2	18.1	19.4	20.3	[illegible]	[illegible]	
苹果	万公顷	19.0	19.0	19.6	19.9	[illegible]	[illegible]	

表 11.2.4　农业、林业、牧业和渔业——中国

（续表）

指　标	单　位	2005	2006	2007	2008	2009	2010	2011
梨	万公顷	11.1	10.9	10.7	10.7	10.7	10.6	
葡萄	万公顷	4.1	4.2	4.4	4.5	4.9	5.5	
香蕉	万公顷	2.8	2.9	3.1	3.2	3.4	3.6	
前五种水果的产量								
苹果	万吨	2401	2606	2786	2985	3168	3326	
柑桔	万吨	1592	1790	2058	2331	2521	2645	
梨	万吨	1132	1199	1290	1354	1426	1506	
香蕉	万吨	652	690	780	783	883	956	
葡萄	万吨	579	627	670	715	794	855	
前三种香料的产量								
花椒	万吨	18.1	16.1	19.4	24.5	26.4	25.1	
八角	万吨	9.1	8.8	9.6	10.1	10.7	11.7	
桂皮	万吨	6.3	8.8	8.8	6.8	6.4	7.6	
主要农产品单产								
谷类	公斤/公顷	5225	5310	5320	5548	5447	5524	5707
棉花	公斤/公顷	1129	1295	1286	1302	1288	1229	1308
花生	公斤/公顷	3076	3258	3302	3365	3361	3455	3502
油菜籽	公斤/公顷	1793	1833	1874	1835	1877	1775	1827
芝麻	公斤/公顷	1054	1173	1147	1243	1307	1312	1385
马铃薯	公斤/公顷	2905	3063	2925	3036	2883	3133	
甘蔗	公斤/公顷	63970	70450	71228	71210	68093	65700	66485
甜菜	公斤/公顷	37523	39767	41360	40754	38517	42498	47362
烟草	公斤/公顷	1969	2066	2058	2140	2203	2234	2143
年末牲畜存栏数								
猪	万头	43319	41850	43990	46291	46996	46460	46767
黄牛和水牛	万头	10991	10465	10595	10576	10727	10626	10361
绵羊和山羊	万头	29793	28370	28565	28085	28452	28088	28236
肉类产量	万吨	6939	7089	6866	7279	7650	7926	7957
奶类产量	万吨	2865	3303	3633	3731	3678	3748	
牛奶产量	万吨	2753	3193	3525	3556	3519	3576	3656
禽蛋产量	万吨	2438	2424	2529	2702	2743	2763	2811
鱼类捕获量	万吨	907	924	920	951	957	987	
农用拖拉机和收割-脱粒机年底拥有量(2)	万台	1715	1796	1889	2096	2188		
化肥施用量	公斤/公顷	307	324	333	335	341	346	

资料来源：

1. 中华人民共和国国家统计局，《中国农村统计年鉴》，2011 年；《中国统计年鉴》，2011 年。
2. 中华人民共和国 2011 年《国民经济和社会发展统计公报》。

脚注：

(1) 2003 年起执行新国民经济行业分类标准，总产值包括农林牧渔服务业产值。

(2) 农用拖拉机和收割－脱粒机年底拥有量不包括脱粒机。

表 11.2.5　农业、林业、牧业和渔业——南非

指　标	单　位	2005	2006	2007	2008	2009	2010
农业生产指数							
农作物							
谷物	%	100.0	100.1	99.8	100.1	102.2	100.0
林产品	%	100.0	99.7	100.3	99.9	99.8	100.0
畜产品	%	100.0	100.2	99.9	100.0	100.1	100.0
主要农产品产量							
谷物							
玉米	万吨	1145.0	661.8	712.5	1270.0	[illegible]	1281.5
小麦	万吨	190.5	210.5	190.5	213.0	[illegible]	143.0
制麦芽用的大麦	万吨	22.5	23.6	22.2	19.2	[illegible]	19.4
葵花籽	万吨	62.0	52.0	30.0	87.2	80.1	49.0
大豆	万吨	27.2	42.4	20.5	28.2	[illegible]	56.6
棉花	万吨	6.0	3.9	2.9	2.6	2.3	2.1
花生	万吨	6.4	7.4	5.8	8.9	10.0	8.8
高粱	万吨	26.0	9.6	17.6	25.5	[illegible]	19.7
干豆	万吨	7.0	6.7	4.0	5.9	[illegible]	5.2
甘蔗	万吨	1910	2105	2028	1972	[illegible]	1866
烟草	万吨	2.4	1.5	1.3	0.9	[illegible]	1.2
水果							
香蕉	万吨	35.2	34.3	34.6	39.3	[illegible]	39.3
苹果	万吨	67.9	63.3	70.8	77.1	[illegible]	74.1
柑橘	万吨	198.0	208.7	217.0	228.2	[illegible]	215.0
梨	万吨	31.2	31.5	33.6	33.7	[illegible]	[illegible]
葡萄	万吨	25.9	29.5	26.2	27.2	[illegible]	27.0
菠萝	万吨	18.1	16.4	14.6	12.5	[illegible]	[illegible]
主要农产品单产							
谷物							
玉米	公斤/公顷	4070	4140	2790	4540	[illegible]	[illegible]
小麦	公斤/公顷	2370	2750	3010	2850	[illegible]	[illegible]
制麦芽用的大麦	公斤/公顷	2500	2630	3030	2810	[illegible]	[illegible]
葵花籽	公斤/公顷	1350	1100	950	1550	[illegible]	1230
大豆	公斤/公顷	1820	1760	1120	1700	[illegible]	1820
棉花	公斤/公顷	2708	2180	2661	2942	[illegible]	[illegible]
花生	公斤/公顷	1600	1520	1420	1640	[illegible]	[illegible]
高粱	公斤/公顷	3010	2580	2550	2940	[illegible]	[illegible]
干豆	公斤/公顷	1420	1230	780	1350	[illegible]	[illegible]
马铃薯	公斤/公顷	1768	1857	1917	2040	1857	[illegible]

表 11.2.5 农业、林业、牧业和渔业——南非

（续表）

指 标	单 位	2005	2006	2007	2008	2009	2010
甘蔗	公斤/公顷	44929	49187	48281	46629	49499	48835
烟草	公斤/公顷	2554.0	2483.0	2133.0	2676.0	2639.0	3075.0
肉类产量							
牛肉和小牛肉	万吨	70.5	80.4	81.9	78.8	76.8	90.9
羊肉	万吨	10.7	10.8	13.5	13.6	14.1	14.1
山羊肉	万吨	0.9	0.9	0.9	0.9	0.9	0.9
禽肉	万吨	110.9	117.6	122.3	132.8	138.8	147.2
奶							
牛奶	万吨	293.6	304.4	306.6	313.7	310.4	323.3
禽蛋	万吨	37.5	41.2	43.8	47.3	45.0	45.3

资料来源：

1. 南非统计局。
2. 国家农业、林业和渔业局。

主要统计指标解释：

通用解释：

耕种面积　包括播种和处于休耕期的耕地面积。

单产　指的是产量与播种面积的比值。

New Delhi BRICS 2012

金砖国家
联合统计手册
2012

第十二章 交通运输

表 12.1　交通运输概况

指　标	单 位	2005	2006	2007	2008	2009	2010	2011
铁路营业里程								
巴西	万公里	2.9	2.9	2.9	3.1	[illegible]	2.8	
俄罗斯	万公里	8.5	8.5	8.5	8.6	[illegible]	[illegible]	
印度	万公里	6.3	6.3	6.3	6.4	[illegible]		
中国	万公里	7.5	7.7	7.8	8.0	[illegible]	9.1	[illegible][1]
南非	万公里	2.1	2.1	2.1	2.1	2.1	2.1	
公路里程								
巴西	万公里	161	160	177	174			
俄罗斯	万公里	53	60	62	63	[illegible]	67	
印度	万公里	242	246	255	260			
中国	万公里	335	346	358	373	386	401	[illegible][1]
南非								
管道输油(气)里程								
巴西	万公里	0.7	0.7	0.7	0.7			
俄罗斯	万公里	5.0	5.0	5.0	4.9	[illegible]	[illegible]	[illegible]
印度								
中国	万公里	4.4	4.8	5.5	5.8	[illegible]	[illegible]	8.5[1]
南非	万公里	0.3	0.3	0.3	0.3	[illegible]	[illegible]	
旅客周转量(所有方式)								
巴西								
俄罗斯	亿人公里	4733	4765	4928	5057	[illegible]	[illegible]	[illegible]
印度								
中国	亿人公里	17467	19197	21593	23197	24835	27894	[illegible][1]
南非								
货物周转量(所有方式)								
巴西								
俄罗斯	亿吨公里	46758	48009	49154	49477	[illegible]	[illegible]	[illegible]
印度								
中国	亿吨公里	80258	88840	101419	110300	[illegible]	[illegible]	[illegible][1]
南非								
航空旅客周转量								
巴西	亿人公里	0.59	0.57	0.59	0.71			
俄罗斯	亿人公里	858	939	1110	1226	1125	[illegible]	[illegible]
印度	亿人公里	0.32	0.43	0.53	0.50	0.57	[illegible]	
中国	亿人公里	2045	2371	2792	2883	[illegible]	[illegible]	[illegible]
南非								

资料来源：

巴西

1. 巴西陆地运输局，2005-2010 年统计年鉴。
2. 巴西航空运输局，2005-2010 年统计年鉴。

俄罗斯

俄罗斯联邦统计局。

印度

印度地面运输部。

中国

1. 中华人民共和国铁道部，年度统计资料，2005-2010 年。
2. 中华人民共和国交通运输部，年度统计资料，2005-2010 年。
3. 中国石油天然气集团公司、中国石油化工股份有限公司，年度统计资料，2005-2010 年。
4. 中华人民共和国国家统计局，2005-2011 年《中国统计年鉴》。
5. 中华人民共和国 2011 年《国民经济和社会发展统计公报》。

南非

南非 Transnet 公司。

脚注：

印度

数据为财年数据。

中国

(1) 初步数据。

表 12.2.1　交通运输——巴西

指　标	单　位	2005	2006	2007	2008	2009	2010
交通运输量							
公路客运量(1)	亿人公里	0.30	0.28	0.28	0.27		
铁路旅客周转量	亿人公里	4.52	4.64	4.44	4.58	[illegible]	[illegible]
铁路货物周转量	亿吨公里	2216	2381	2571	[illegible]	[illegible]	[illegible]
航空旅客周转量(2)	亿人公里	0.59	0.57	0.59	0.71		
航空货物周转量(2)	亿吨公里	81.85	77.25	76.04	[illegible]		
石油管道运输量	亿吨	2.40	2.51				
汽车拥有量							
汽车	万辆	2631	2787	2985	3206		
乘用汽车和公共汽车	万辆	2664	2822	3023			
涉及人员伤亡的道路交通事故							
事故数	起	539919	424137	508186			
受伤人数	人	513510	404385	484900			
死亡人数	人	26409	19752	23286			

资料来源：

1. 巴西陆地运输局，2005-2010 年统计年鉴。
2. 巴西航空运输局，2005-2010 年统计年鉴。

注释：

(1) 含州际和国际客运量。

(2) 含付费的国内和国际运输量。

表 12.2.2　交通运输——俄罗斯

指　　标	单　位	2005	2006	2007	2008	2009	2010	2011
交通运输量								
公路旅客周转量	亿人公里	1423	1360	1499	1521	1415	1406	1369(5)
公路货物周转量(1)	亿吨公里	1936	1988	2058	2163	1801	1993	2228(5)
铁路旅客周转量	亿人公里	1722	1778	1741	1759	1515	1389	1398
铁路货物周转量	亿吨公里	18581	19508	20903	21162	18653	20113	21272
航空旅客周转量	亿人公里	858	939	1110	1226	1125	1471	1668
石油管道运输量	亿吨	4.54	4.61	4.62	4.56	4.74	4.92	5.44
公路里程(2)	万公里	53	60	62	63	65	67	
汽车拥有量(3)								
货车登记量	万辆	485	493	517	535	532	541	
乘用汽车和公共汽车	万辆	2636	2762	3029	3292	3398	3525	
涉及人员丧亡的道路交通事故								
事故数	起	223342	229140	233809	218322	203618	199431	199868
受伤人数	人	274864	285362	292206	270883	255484	250635	251848
死亡人数(4)	人	33957	32724	33308	29936	27659	26567	27953

资料来源：

俄罗斯联邦统计局。

脚注：

(1) 所有组织机构的货物周转量。

(2) 公共道路。

(3) 自然人和法人拥有的汽车量。

(4) 从 2009 年起为事故后 30 天内死亡的人数；2009 年之前为事故后 7 天内死亡的人数。

(5) 初步数据。

表 12.2.3　交通运输——印度

指　标	单　位	2004/05	2005/06	2006/07	2007/08	2008/09	2009/10	2010/11[1]
交通运输量								
铁路旅客周转量	亿人公里	53.78	57.25	62.19	65.24	69.20	[illegible]	
铁路货物周转量	亿吨公里	6.26	6.82	7.45	8.04	8.37	[illegible]	
航空旅客周转量	亿人公里	0.25	0.32	0.43	0.53	0.50	[illegible]	[illegible]
航空运输时间	万小时	57.66	71.37	91.74	114.82	121.82	[illegible]	
航空飞行里程	亿公里	3.34	4.16	5.40	6.83	7.25	[illegible]	
汽车拥有量								
机动车生产量[2]	万辆	846.8	974.4	1106.5	1085.4	1117.2	[illegible]	
乘用车和公共汽车数量	万辆	1024.9	1121.2	1251.8	1399.9	1537.7	[illegible]	
汽车拥有量	万辆	1071.7	1171.8	1297.9	1014.6	1120.0	[illegible]	

资料来源：

1. 印度民航总局办公室。
2. 印度铁道部。
3. 印度道路运输和高速公路部运输研究所。
4. 印度汽车制造商协会。

附注：

(1) 初步数字。

(2) 包括乘用汽车、商用汽车、三轮车和两轮车。

表 12.2.4　交通运输——中国

指　　标	单　位	2005	2006	2007	2008	2009	2010	2011[1]
交通运输量								
公路旅客周转量	亿人公里	9292	10131	11507	12476	13511	15021	16733
公路货物周转量	亿吨公里	8693	9754	11355	32868	37189	43390	51333
铁路旅客周转量	亿人公里	6062	6622	7216	7779	7879	8762	9612
铁路货物周转量	亿吨公里	20726	21954	23797	25106	25239	27644	29466
航空旅客周转量	亿人公里	2045	2371	2792	2883	3375	4039	4517
航空货物周转量	亿吨公里	79	94	116	120	126	179	172
国内民用航线里程	万公里	114	115	130	134	143	170	
石油管道运输量	亿吨	3.10	3.34	4.06	4.39	4.46	5.00	5.45
民用机场数量[2]	个	135	142	148	152	165	175	180
民用汽车拥有量								
汽车拥有量[3]	万辆	3159.7	3697.4	4358.4	5099.6	6280.6	7801.8	9350.4
小汽车拥有量[4]	万辆	1918.7	2395.2	2961.6	3595.3	4591.3	5861.6	7195.9
涉及人员丧亡的道路交通事故								
事故数	起	450254	378781	327209	265204	238351	219521	
受伤人数	人	469911	431139	380442	304919	275125	254075	
死亡人数	人	98738	89455	81649	73484	67759	65225	

资料来源：

1. 中华人民共和国铁道部，年度统计资料，2005-2011 年。
2. 中华人民共和国交通运输部，年度统计资料，2005-2011 年。
3. 中国石油天然气集团公司，中国石油化工股份有限公司，年度统计资料，2005-2011 年。
4. 中华人民共和国国家统计局，2005-2011 年《中国统计年鉴》。
5. 中华人民共和国公安部，年度统计报告，2005-2011 年。
6. 中华人民共和国 2011 年《国民经济和社会发展统计公报》。

脚注：

(1) 2011 年为初步数据。

(2) 自 2010 年起，原指标“民用机场数”更名为“民用通航机场数”，统计口径不发生变化。

(3) 汽车拥有量不包括三轮汽车和低速货车。

(4) 小汽车拥有量包括小型载客汽车和微型载客汽车拥有量。

表 12.2.5 交通运输——南非[4]

指标	单位	2005	2006	2007	2008	2009	2010[5]
交通运输量							
公路客运量	亿人				2.33	2.8[illegible]	2.88
公路货运量	亿吨				4.73	4.27	4.50
铁路客运量[1][3]	亿人	4.98	5.03	5.92	6.13	6.44	5.20
铁路货运量	亿吨				1.8[illegible]	1.8[illegible]	1.86
石油管道运输量[2][4]	亿吨	161.10	170.32	168.93	[illegible]	177.5[illegible]	
汽车拥有量							
乘用汽车和公共汽车	万辆	486.3	519.3	547.7	[illegible]	573.[illegible]	
涉及人员丧亡的道路交通事故							
死亡人数	人	11031	10946	12001	[illegible]		

资料来源：

1. 南非国家统计局。
2. 南非铁路客运局。
3. 南非 Transnet 公司。

脚注：

(1) 南非铁路客运局。

(2) 管道运输。

(3) 仅包括地铁。

(4) 陆地运输调查是涵盖南非铁路和公路运输的客货运输月度调查。这项调查是从 20[illegible] 年企业抽样框（BSF）中抽取的样本，BSF 覆盖出于增值税目的而登记的企业。这项调查已经于 2003 年开始取代了陆地货运调查，并于 2008 年进行了重新设计。

(5) 2010 年为初步数据。

主要统计指标解释：

国家解释：

俄罗斯

公路 指作为联邦财产的联邦道路，作为俄罗斯联邦主体财产的地区和地区间道路，以及作为自治州、市和市辖区财产的地方道路。

中国

铁路营业里程 又称营业长度（包括正式营业和临时营业里程），指办理客货运输业务的铁路正线总长度。

公路里程 指在一定时期内实际达到《公路工程[WTBZ]技术标准 JTJ01-88》规定的等级公路，并经公路主管部门正式验收交付使用的公路里程数。

管道输油（气）里程 指油品（或天然气）的实际输送距离，一般按输油（气）管道的单线长度计算。

货物（旅客）周转量 指在一定时期内，由各种运输工具运送的货物（旅客）数量与其相应运输距离的乘积之总和。

石油管道运输量 指输油气管道实际输送的油气数量。

民用通航机场数 指供民用航空飞机起飞、降落、滑行、停放以及进行其他活动使用的划定区域数。

汽车拥有量 指报告期末，公安部交通管理部门按照《机动车注册登记工作规范》，已注册登记领有民用车辆牌照的全部汽车数量。

第一章 金砖国家经济社会指标比较
第二章 国家概况
第三章 人口
第四章 经济活动人口
第五章 国民经济核算
第六章 价格指数
第七章 居民生活水平
第八章 资源和环境
第九章 工业
第十章 能源
第十一章 农业、林业、牧业和渔业
第十二章 交通运输

第十三章 信息社会

第十四章 财政和金融
第十五章 对外贸易
第十六章 旅游

表 13.1 信息社会概况

指标	单位	2005	2006	2007	2008	2009	2010	2011
每千人电话主线拥有量								
巴西	条	273	273	277	[illegible]	310	[illegible]	
俄罗斯	条	300	311	318	[illegible]	320	[illegible]	
印度[illegible]	条	90	127	182	[illegible]	[illegible]	[illegible]	
中国[illegible]	条	270	281	278	258	235	[illegible]	[illegible]
南非	条	215	199	184	[illegible]	[illegible]	[illegible]	
每千人蜂窝移动电话用户数								
巴西	户	466	532	636	781	905	[illegible]	
拥有电视机的住宅比例[1]	%	92	93	95	95	96		
拥有收音机住宅的比例[1]	%	88	88	88	[illegible]	88		
拥有计算机住宅的比例[1]	%	19	22	27	32	[illegible]		
拥有互联网住宅的比例[1]	%	14	17	20	[illegible]	[illegible]		
俄罗斯[illegible]	户	866	1086	1206	1406	[illegible]	[illegible]	
印度								
中国[illegible]	户	303	353	416	485	563	[illegible]	[illegible]
南非	户	615	677	735	[illegible]	[illegible]	[illegible]	
每千人计算机拥有量								
巴西								
俄罗斯	台	121	162	219	[illegible]	[illegible]	437	
印度								
中国								
城镇[5]	台	140	160	185	204	[illegible]	247	[illegible]
农村[5]	台	5	7	9	13	[illegible]	26	[illegible]
南非	台	123						
每千人互联网用户数								
巴西								
俄罗斯	人	153	176	246	[illegible]	[illegible]	470	
印度	人		92	147	[illegible]	[illegible]		
中国[5]	人	85	105	160	226	[illegible]	343	383
南非	人	6				[illegible]	101	
日报种类								
巴西								
俄罗斯[illegible]	种	769	805	774	787	[illegible]	[illegible]	
印度	种	6800	7131	7710	[illegible]			
中国[illegible]	种	1931	1938	1938	1943	[illegible]	1939	
南非								

资料来源：

巴西

1. 巴西国家地理与统计局，全国住户抽样调查，2005-2010 年。
2. 巴西通信局。

俄罗斯

1. 俄罗斯联邦电信和大众传播部。
2. 俄罗斯联邦统计局。

印度

1. 印度电信局。
2. 印度统计和计划执行部。
3. 2007 年印度统计摘要。

中国

1. 中华人民共和国工业和信息化部。
2. 中华人民共和国国家统计局，中国城市住户调查，2005-2011 年；中国农村住户调查，2005-2011 年。
3. 中华人民共和国新闻出版总署，年度统计资料，2005-2010 年。

南非

南非一般家计调查，2002-2010 年。

脚注：

巴西

(1) 不包括朗多尼亚，阿克里，亚马孙，罗赖马，帕拉和阿马帕农村地区在内的数据信息。

俄罗斯

(2) 指无线电话（移动）通信用户数。

(3) 所有报纸总的种类。

印度

(4) 为财政年度数据。

中国

(5) 2011 年数据为初步核算数。

(6)（固定）电话主线包括无线市话用户 (PHS)。

(7) 各种报纸的种类。

南非

家计调查相关问题如下：

家庭或住宅是否接入电话线；

家庭或住宅是否拥有蜂窝式移动电话；

家庭或住宅是否拥有计算机（仅 2005 年）；

家庭或住宅是否接入互联网（2005 年、2009 年和 2010 年）；

上述问题仅仅问及家庭内，外在接入员不予考虑。

主要统计指标解释：

国家解释

中国

（固定）电话主线　是指将用户终端设备与公众交换网进行连接的并在电话交换设备上占有专门端口的（固定）电话线，包括综合业务数字网（ISDN）信道数，还包括无线市话用户（PHS）数。

蜂窝移动电话用户　是指使用蜂窝技术向公众交换电话网（PSTN）提供接入的公众移动电话业务付费用户，包括模拟和数字蜂窝。

互联网用户（网民）　是指过去半年内使用过互联网的6周岁及以上中国居民。

日报　是指报纸，即有中国统一刊号的各种报纸。

金砖国家

联合统计手册

2012

第十四章 财政和金融

图 14.1 (a) 政府财政赤字（盈余）占GDP 的比重

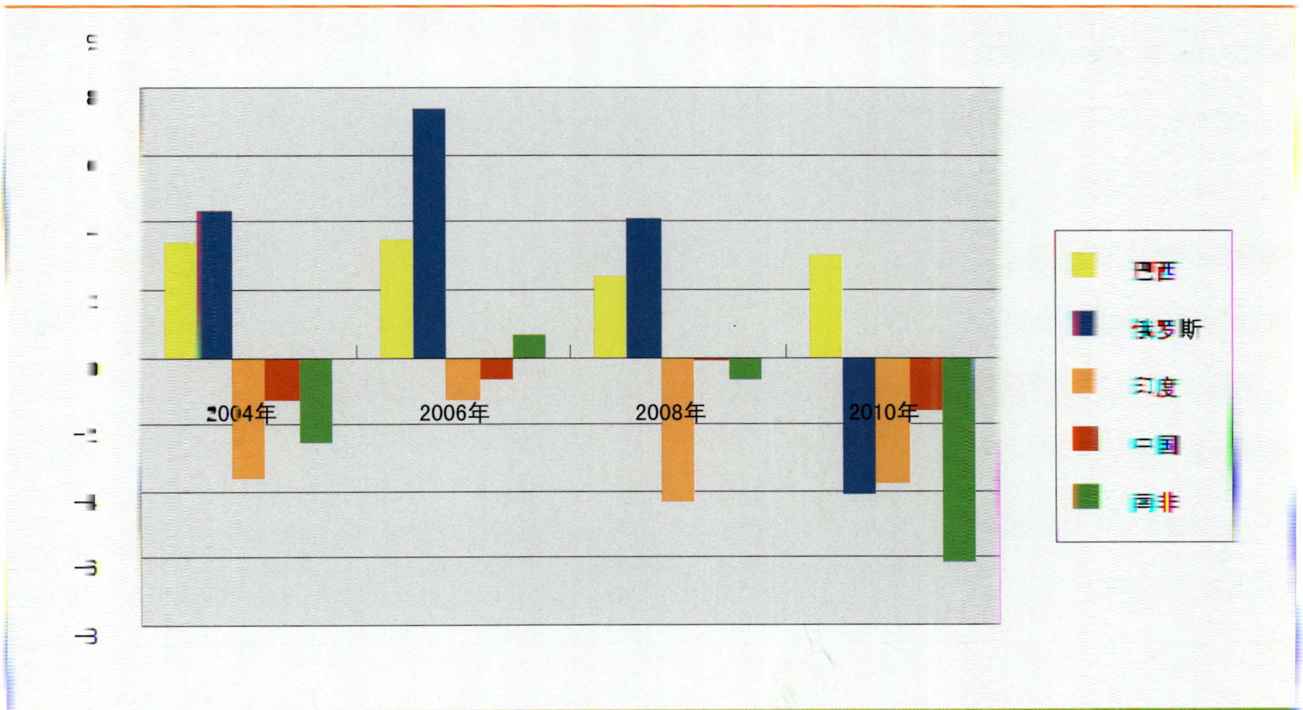

图 14.1 (b) 所得税占财政收入的比重

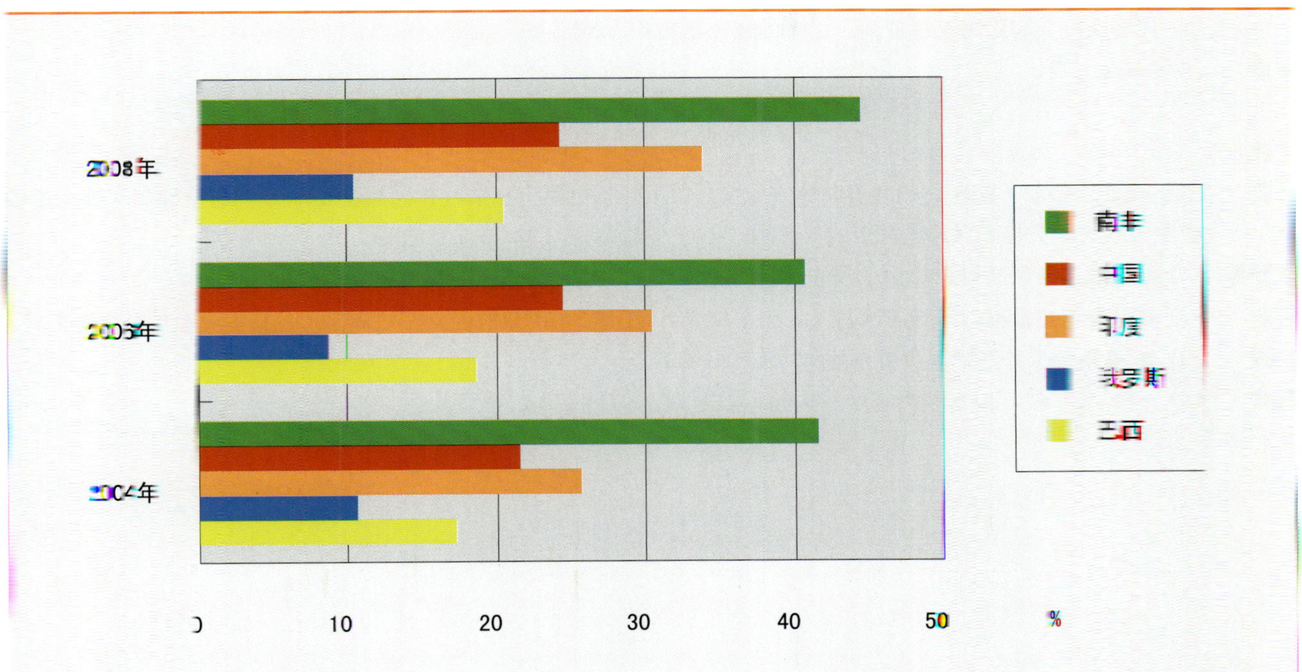

表 14.1　财政和金融概况

指　标	单　位	2005	2006	2007	2008	2009	2010	2011
政府财政盈余/赤字占GDP的比重								
巴西[(1)(2)]	%	3.7	3.5	2.3	2.4	3.4	3.0	
俄罗斯	%	7.5	7.4	5.4	4.1	-6.0	-4.1	0.8[(5)]
印度[(7)(8)]	%	-2.7	-1.3	-0.2	-4.3	-5.8	-3.8	
中国	%	-1.2	-0.7	0.7	-0.1	-2.8	-2.5	
南非[(10)]	%		0.7	1.1	-0.7	-7.1	-6.1	
所得税占财政收入的比重								
巴西[(3)]	%	18.9	18.7	19.4	20.5	19.9		
俄罗斯	%	8.2	8.8	9.5	10.4	12.2	11.2	9.6[(5)]
印度[(7)]	%	27.6	30.5	33.5	33.8	33.9	32.9	
中国	%	23.5	24.5	23.3	24.3	22.6	21.3	
南非[(10)]	%	40.7	40.8	43.3	44.5	46.8	44.0	
M_2 供应量(年末)								
巴西[(4)]	亿美元	2393	3039	4011	5841	5857	7655	
俄罗斯[(6)]	亿美元	2100	3407	5242	4417	5049	6566	7623
印度[(7)]	亿美元	1876	2145	2885	2754	3162	3588	
中国[(9)]	亿美元	37020	44259	55231	69524	88783	109601	135154
南非	亿美元	1515	1643	2045	1569	2120	2455	

资料来源：

巴西　1. 巴西中央银行。2. 巴西财政部。

俄罗斯　1. 俄罗斯联邦统计局。2. 俄罗斯财政部。3. 俄罗斯中央银行。

印度　1. 印度储备银行。2. 印度统计和计划执行部。

中国　1. 中华人民共和国财政部，《中国财政年鉴》，2011 年。2. 中国人民银行，《中国金融年鉴》，2010 年。3. 中华人民共和国国家统计局，《中国统计年鉴》，2011 年。

南非　南非储备银行。

脚注：

巴西　(1) 政府包括联邦政府、州政府和地方政府，但不包括巴西中央银行和公共企业。(2) 名义盈余。(3) 总税收收入指财政负担。(4) 所采用的年平均汇率可在表 14.2.1 和 15.1 中查到。

俄罗斯　(5) 根据俄罗斯联邦财政部 2011 年的初步数据计算。(6) 根据俄罗斯中央银行的数据计算。

印度　(7) 指财政年度数据，即当年 4 月 1 日到下年 3 月 31 日。(8) 政府经常账户赤字（包括中央和地方政府）。

中国　(9) M_2 根据国家外汇管理局公布的年末汇率计算。

南非　(10) 指财政年度：从当年的 4 月 1 日至下年的 3 月 31 日。

表 14.2.1 财政和金融——巴西

指 标	单 位	2005	2006	2007	2008	2009	2010
财政支出[1]	亿雷亚尔	6069	7978	8385	9691	[illegible]369	11156
预算支出结构							
一般公共服务	%	4.6	4.0	4.4	4.2	3.9	4.[illegible]
外交	%	0.3	0.2	0.2	0.2	0.1	0.[illegible]
国防	%	2.5	2.1	2.3	2.3	2.3	2.[illegible]
公共安全	%	0.5	0.4	0.6	0.6	0.6	0.[illegible]
教育	%	2.7	2.2	2.6	2.6	2.9	[illegible]
科学技术	%	0.5	0.5	0.5	0.5	0.5	0.[illegible]
文化体育与传媒	%	0.2	0.2	0.3	0.2	0.2	0.[illegible]
社会保障和就业	%	35.8	31.4	33.2	31.9	31.0	3[illegible]
医疗卫生	%	6.0	5.0	5.4	5.1	5.0	[illegible]
环境保护	%	0.3	0.2	0.4	0.4	0.3	0.3
城乡社区事务	%	1.0	0.9	1.4	1.2	1.2	[illegible]
农林水事务	%	1.4	1.2	1.3	1.0	1.2	1.3
交通运输	%	1.1	0.9	1.5	1.3	1.4	[illegible]
工业商业金融等事务	%	0.7	0.6	0.7	0.6	0.5	[illegible]
其他支出[2]	%	42.5	50.3	45.6	47.9	48.7	4[illegible]
年平均汇率(1美元折合本币)	雷亚尔	2.4	2.2	1.9	1.8	2.0	[illegible]
M_1发行量(年末)	亿雷亚尔	1012	1211	1466	1476	1661	20[illegible]
M_1发行量(年末)	亿美元	416	556	753	803	833	1[illegible]
M_2发行量(年末)	亿雷亚尔	1448	1743	2314	2234	2502	2[illegible]
M_2发行量(年末)	亿美元	595	801	1188	1216	1256	1[illegible]
M_3发行量(年末)	亿雷亚尔	5825	6615	7813	10730	11674	13[illegible]
M_3发行量(年末)	亿美元	2393	3039	4011	5841	5857	7[illegible]
中央银行贴现率	%	18.0	13.3	11.3	12.8	8.8	[illegible]
存贷款利率	%	17.3	12.6	11.5	12.6	9.9	[illegible]

资料来源：

1. 巴西中央银行。
2. 巴西财政部。

注：

(1) 数据仅适用于联邦政府。
(2) “其他支出”的权重最大，因为包括对州和市的转移支付。

表 14.2.2 财政和金融——俄罗斯

指 标	单 位	2005	2006	2007	2008	2009	2010	2011
政府财政收支构成								
政府收入[1]	亿卢布	85796	106258	133683	160039	135997	160319	208537
预算收入构成								
机构利润税(所得税)	%	15.5	15.7	16.2	15.7	9.3	11.1	10.9
个人所得税	%	8.2	8.8	9.5	10.4	12.2	11.2	9.6
自然资源使用税	%	10.8	11.2	9.2	10.9	7.9	9.0	10.0
对外经济活动收入	%	19.6	21.7	18.0	22.4	19.7	20.1	22.4
政府支出[1]	亿卢布	68206	83752	113786	139918	160483	176167	200048
一般支出构成								
中央和地方政府[2]	%	11.1	9.9	10.3	9.2	8.2	8.2	6.8
国民经济	%	11.2	11.3	13.7	16.1	17.3	13.2	14.0
社会文化活动	%	53.4	54.3	51.2	50.9	52.8	57.5	56.2
M_0发行量(年末)[3]	亿卢布	20092	27852	37022	37948	40381	50627	59386
M_0发行量(年末)[4]	亿美元	698	1058	1508	1292	1335	1661	1845
M_2发行量(年末)[3][5]	亿卢布	60321	89707	128690	129759	152676	200119	245434
M_2发行量(年末)[4]	亿美元	2100	3407	5242	4417	5049	6566	7623
中央银行贴现率(年末)[3]	%	12.00	11.00	10.00	13.00	8.75	8.75	8.00
利率[3]								
存款利率	%	4.0	4.1	5.1	5.8	8.6	6.0	4.4
贷款利率	%	10.7	10.4	10.0	12.2	15.3	10.8	8.5

资料来源：

1. 俄罗斯联邦统计局。
2. 俄罗斯联邦财政部。
3. 俄罗斯中央银行。

脚注：

(1) 俄罗斯联邦财政部数据。2005 年俄罗斯采用了新的预算分类。2005 年起包括各州的预算外资金。2011 年为初步数据。

(2) 2011 年不包括州级和市级的债务偿还。

(3) 数据来自俄罗斯中央银行。

(4) 根据俄罗斯中央银行数据计算。

(5) 根据 2011 年俄罗斯中央银行所采用的方法计算。

表 14.2.3　财政和金融——印度

指标	单位	2004/05	2005/06	2006/07	2007/08	2008/09	2009/10	2010/11
政府财政收支								
收入	亿卢比	88830	101470	112550	132970	160420	1885[illegible]	20[illegible]
支出	亿卢比	86980	95990	110920	1295[illegible]	159510	190[illegible]	20[illegible]
预算收入结构								
财政收入	%	69.3	69.7	77.9	79.[illegible]	71.0	6[illegible]	5[illegible]
税收	%	55.4	56.8	64.3	66.[illegible]	58.8	5[illegible]	5[illegible]
非税收	%	13.9	12.9	13.6	13.[illegible]	12.3	1[illegible]	1[illegible]
超过20万卢比的								
基准优惠贷款利率[1]						11.0% — 12.[illegible]%		
外币资产	亿美元	1356	1451	1919	299[illegible]	241[illegible]	2[illegible]	2[illegible]3
特别提款权[3]	万特别提款权	500	200	100	1[illegible]	100	329[illegible]	4[illegible]0
在国际货币基金组织的储备头寸(RTP)	亿美元	14	8	5	4	1[illegible]	[illegible]4	[illegible]9
不包括黄金在内的外汇储备	亿美元	1370	1459	1924	2997	2424	2[illegible]1	2[illegible]8
黄金外汇储备[2]	亿美元	45	58	68	100	9[illegible]	[illegible]0	[illegible]0

资料来源：

1. 印度储备银行。
2. 印度财政部不同年份的经济调查。

脚注：

活期存款通常为零利率。

(1) 基准优惠贷款利率（BPLR），数据指主要公立银行。

(2) 包括2009年11月3日从国际货币基金组织购买的200吨黄金，价值66.99亿美元。

(3) 包括2009年8月28日国际货币基金组织分配（一般配额）的30.825亿特别提款权以及2009年9月9日国际货币基金组织分配（特殊配额）的2.146亿特别提款权。

表 14.2.4 财政和金融——中国

指 标	单 位	2005	2006	2007	2008	2009	2010	2011[2]
政府财政收支构成								
财政收入	亿人民币	**31649**	**38760**	**51322**	**61330**	**68518**	**83102**	**103740**
预算收入结构								
税收收入	%			88.9	88.4	86.9	88.1	
国内增值税	%			30.1	29.3	27.0	25.4	
国内消费税	%			4.3	4.2	6.9	7.3	
进口货物增值税、消费税	%			12.0	12.1	11.3	12.6	
出口货物退增值税、消费税	%			-11.0	-9.6	-9.5	-8.8	
营业税	%			12.8	12.4	13.2	13.4	
企业所得税	%			17.1	18.2	16.8	15.5	
个人所得税	%			6.2	6.1	5.8	5.8	
资源税	%			0.5	0.5	0.5	0.5	
城市维护建设税	%			2.3	2.2	2.3	2.3	
房产税	%			1.1	1.1	1.2	1.1	
印花税	%			4.4	2.1	1.3	1.3	
证券交易印花税	%			3.9	1.6	0.7	0.7	
城镇土地使用税	%			0.8	1.3	1.3	1.2	
土地增值税	%			0.8	0.9	1.1	1.5	
车船税	%			0.1	0.2	0.3	0.3	
船舶吨位税	%							
车辆购置税	%			1.7	1.6	1.7	2.2	
关税	%			2.8	2.9	2.2	2.4	
耕地占用税	%			0.4	0.5	0.9	1.1	
契税	%			2.4	2.1	2.5	3.0	
烟叶税	%			0.1	0.1	0.1	0.1	
其他税收收入	%							
非税收入	%			11.1	11.6	13.1	11.9	
专项收入	%			2.4	2.5	2.4	2.5	
行政事业性收费	%			3.7	3.5	3.4	3.6	
罚没收入	%			1.6	1.5	1.4	1.3	
其他收入	%			3.4	4.1	5.9	4.5	
财政支出[1]	亿人民币	**33930**	**40423**	**49781**	**62593**	**76300**	**89874**	**108930**
预算支出结构								
一般公共服务	%			17.1	15.7	12.0	10.4	
外交	%			0.4	0.4	0.3	0.3	
国防	%			7.1	6.7	6.5	5.9	
公共安全	%			7.0	6.5	6.2	6.1	
教育	%			14.3	14.4	13.7	14.0	
科学技术	%			3.6	3.4	3.6	3.6	
文化体育与传媒	%			1.8	1.8	1.8	17.0	
社会保障和就业	%			10.9	10.9	10.0	10.2	
医疗卫生	%			4.0	4.4	5.2	5.3	
环境保护	%			2.0	2.3	2.5	2.7	
城乡社区事务	%			6.5	6.7	6.7	6.7	
农林水事务	%			6.8	7.3	8.8	9.0	
交通运输	%			3.8	3.8	6.1	6.1	

表 14.2.4　财政和金融——中国

（续表）

指　标	单　位	2005	2006	2007	2008	2009	2010	2011
工业商业金融等事务	%			8.6	9.9	7.9		
地震灾后恢复重建支出	%				1.3	1.5	1.3	
其他支出	%			14.5	14.6	15.0	16.5	
M_0发行量(年末)	亿人民币	24032	27073	30375	34219	38246	44628	50748
M_0发行量(年末)(3)	亿美元	2978	3467	4158	5007	5601	6739	8054
M_1发行量(年末)	亿人民币	107279	126035	152560	166217	220002	266622	289848
M_1发行量(年末)(3)	亿美元	13293	16140	20885	24320	32220	40259	46001
M_2发行量(年末)	亿人民币	298756	345604	403442	475167	606225	725852	851591
M_2发行量(年末)(3)	亿美元	37020	44259	55231	69524	88783	109601	135154
存款利率(年末)(4)	%	2.3	2.5	4.1	2.3	2.3	2.8	3.5
贷款利率(年末)(4)	%	5.6	6.1	7.5	5.3	5.3	5.8	6.6

资料来源：

1. 中华人民共和国财政部，《中国财政年鉴》，2011 年。
2. 中国人民银行，《中国金融年鉴》，2010 年。
3. 国家外汇管理局，中国投资头寸，2005-2010 年。

附注：

(1) 2009 年开始政府财政支出分类有所变化，因此数据与以前年份不可比。
(2) 2011 年财政数据为预算执行数。
(3) 以美元为单位的货币发行量数据根据国家外汇管理局公布的年末汇率计算。
(4) 这里的存款利率和贷款利率是指金融机构法定人民币一年期存贷款利率。

表 14.2.5 财政和金融——南非

指　　标	单　位	2005	2006	2007	2008	2009	2010
政府财政收支构成							
财政收入	亿兰特	**4784**	**5646**	**6434**	**7447**	**8199**	**8158**
预算收入构成							
税收收入	%	**80.1**	**79.6**	**81.4**	**81.7**	**80.8**	**79.0**
国内增值税	%	23.0	22.3	22.5	23.0	22.8	23.9
进口增值税和消费税	%	11.8	12.1	14.0	14.0	13.9	10.9
企业所得税	%	17.5	18.5	21.5	21.8	22.9	18.7
个人所得税	%	23.3	22.4	22.0	22.8	23.9	25.3
房产税	%	3.1	2.9	2.5	2.8	2.6	3.2
印花税	%						
证券交易印花税	%	1.8	1.9	1.5	1.5	1.0	1.0
契税	%	1.5	1.5	1.1	1.0	0.6	0.6
烟叶税	%	1.2	1.1	1.1	1.1	1.1	1.2
其他税收收入(1)	%	-3.1	-3.0	-4.9	-6.3	-8.1	-5.7
非税收入	%	**19.9**	**20.4**	**18.6**	**18.3**	**19.2**	**21.0**
专项收入	%	1.8	1.8	1.7	1.9	2.0	2.1
行政事业性收费	%	60.4	54.4	52.7	42.2	39.7	47.8
罚没收入	%	0.3	0.7	0.3	0.5	0.4	0.4
其他非税收收入	%	5.8	6.8	6.7	13.3	16.4	8.5
财政支出	亿兰特	**5089**	**5619**	**6292**	**7183**	**8393**	
预算支出结构							
一般公共服务	%	28.0	23.8	23.5	21.3	20.9	
外交	%	0.5	0.5	0.4	0.5	0.6	
国防	%	4.5	4.7	4.1	3.8	3.8	
公共安全	%	8.9	9.6	9.8	10.1	10.3	
教育	%	17.0	17.0	16.8	16.7	17.1	
文化体育与传媒	%	1.7	2.6	2.1	2.3	2.6	
社会保障和就业	%	12.0	12.7	13.1	12.9	12.7	
医疗卫生	%	8.6	8.9	9.2	9.5	9.8	
环境保护	%	0.6	0.7	0.6	0.7	0.7	
城乡社区事务	%	1.8	2.0	2.5	3.0	3.3	
农林水利	%	2.8	2.8	2.7	2.7	2.5	
交通运输	%	3.3	3.5	4.5	4.7	5.9	
工商业和银行业	%	1.0	1.2	1.2	1.3	1.4	

表 14.2.5　财政和金融——南非

（续表）

指　标	单　位	2005	2006	2007	2008	2009	2010	2011
地震灾后恢复重建支出	%	1.8	2.0	2.6	2.8	3.0		
其他支出	%	7.6	8.1	6.7	7.6	5.4		
M_0发行量(年末)	亿兰特	800	961	1101	1205	1269	1360	1587
M_0发行量(年末)	亿美元	126	136	161	121	169	199	194
M_1发行量(年末)	亿兰特	5031	6057	7383	7536	8063	8624	
M_1发行量(年末)	亿美元	791	860	1081	757	1076	1263	
M_2发行量(年末)	亿兰特	9635	11568	13963	15616	15883	16773	
M_2发行量(年末)	亿美元	1515	1643	2045	1569	2120	2455	
M_3发行量(年末)(2)	亿兰特	11011	13493	16676	19142	19482	20831	
M_3发行量(年末)(2)	亿美元	1732	1916	2442	1923	2601	3049	
中央银行贴现率(年末)	%	7.0	9.0	11.0	11.5	7.0	5.5	
存贷款利率(年末)(3)	%	10.5	12.5	14.5	15.0	10.5	9.0	

资料来源：

南非储备银行。

脚注：

政府财政数据为财政年度数据，即从当年 4 月 1 日到下年 3 月 31 日。

(1) 有些税种无定义，因此，该数据为其他税种之外的税收数据，即总税收收入减去有分类的税收数据，这个数据不包括南非海关做出的调整。

(2) M_3 是在南非正式使用的广义货币供应总量。

(3) 优惠透支利率用作市场参考或基准利率，但不能决定利率。

主要统计指标解释：

国家解释：

俄罗斯

预算收入 用于预算的各项货币基金，但不包括按照俄罗斯联邦预算法用于弥补预算赤字的基金。

预算支出 从预算基金中用于支付的各项货币基金，但不包括按照我罗斯联邦预算法用于弥补预算赤字的基金。

存款利率 在信贷机构（包括俄罗斯 OAO 储蓄银行）的 1 年期个人储蓄存款平均利率。

贷款利率 信贷机构（包括俄罗斯 OAO 储蓄银行）对企业发放 1 年期贷款的平均利率。年利率为月度平均利率。

印度

政府包括中央政府和州政府。

所得税 1961 年收入税法案规定征收包括个人所得税、印度教未分开的家庭、公司或者合作团体（其他税收登记号的公司）和信托公司（确认为与人相关的个人团体）或者法人。在印度，个人总收入中的特殊收入是根据他的居住身份决定的。主要有三种居住身份：（1）居民和普通居；（2）常住的非普通居民；（3）非居民。可以通过几个步骤确定居民的个人身份。所有居民的个人所得税包括印度外所得收入。非居民所得税仅仅包括收入。

货币和准货币由银行外货币、除中央政府外的活期存款、定期存款和储蓄存款以及除中央政府外的居民部门的外币存款所组成。货币供应量通常定义为 M2；它对应的是国际货币基金组织《国际金融统计》中的第三十四行和三十五行。

中国

财政收入 指国家财政参与社会产品分配所取得的收入，是实现国家职能的财力保证。国家财政收入的范围曾数次调整。

财政支出 指国家财政将筹集起来的资金进行分配使用，以满足经济建设和各项事业的需要。

财政赤字／盈余占 GDP 的比重＝（国家财政收入－国家财政支出）/GDP

财政收入构成主要包括：

各项税收 包括国内增值税、国内消费税、进口货物增值税和消费税、出口货物退增值税和消费税、营业税、企业所得税、个人所得税、资源税、城市维护建设税、房产税、印花税、城镇土地使用税、土地增值税、车船税、船舶吨税、车辆购置税、关税、耕地占用税、契税、烟叶税等。

非税收入 包括专项收入、行政事业性收费、罚没收入和其他收入。

财政支出构成 主要包括：一般公共服务支出、外交支出、国防支出、公共安全支出、教育支出、科学技术支出、文化教育与传媒支出、社会保障和就业支出、医疗卫生支出、环境保护支出、城乡社区事务支出、农林水事务支出、交通运输支出、工业商业金融等事务支出等。

货币黄金 指一国中央银行作为储备而持有的黄金。

南非

M_0= 货币机构在中央银行的存款以及在中央银行以外流通的纸币和硬币。

M_1= 流通中的纸币和硬币以及支票和转账存款加上国内私人部门在货币机构的其他活期存款。

M_2= M_1 加上国内私人机构持有的其他短期和中期存款。

M_3= M_2 加上国内私人机构持有的长期存款。

第十五章 对外贸易

图 15.1(a) 货物和服务进出口额

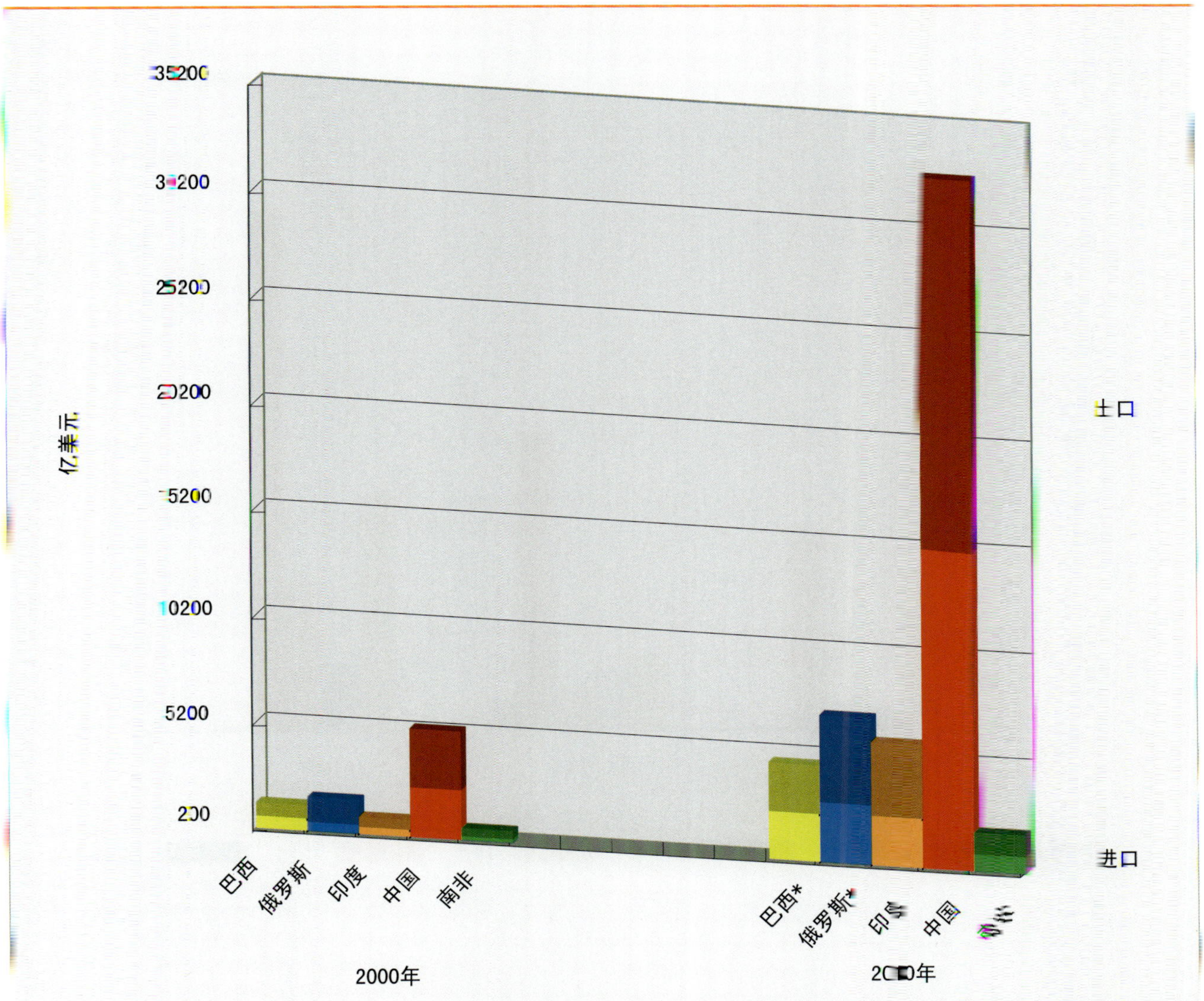

*为2011年数据

图 15.1(b) FDI流入额和外汇储备

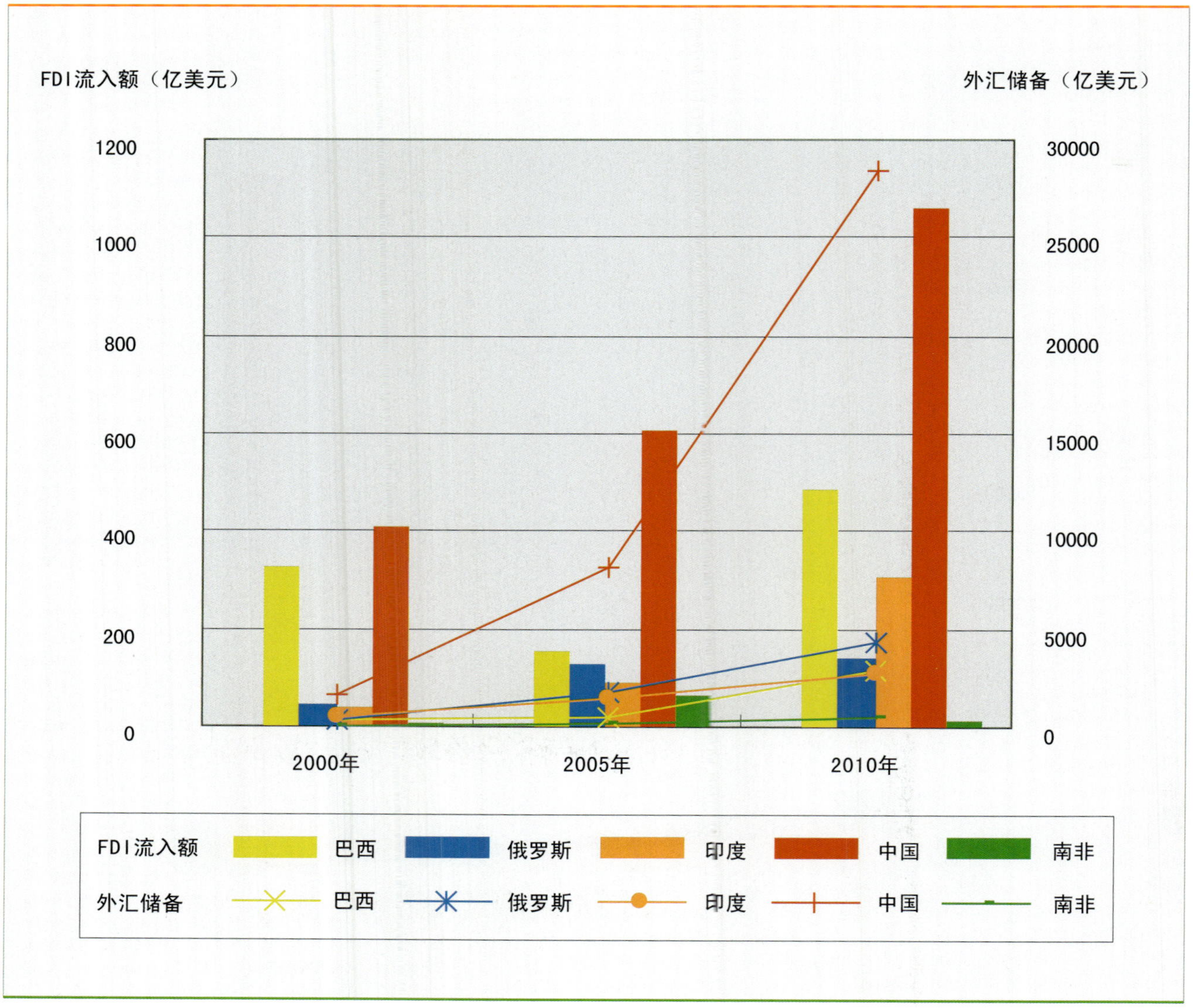

注：柱状图为FDI流入额，折线图为外汇储备。

图 15.1(c) 外债余额占GDP的比重

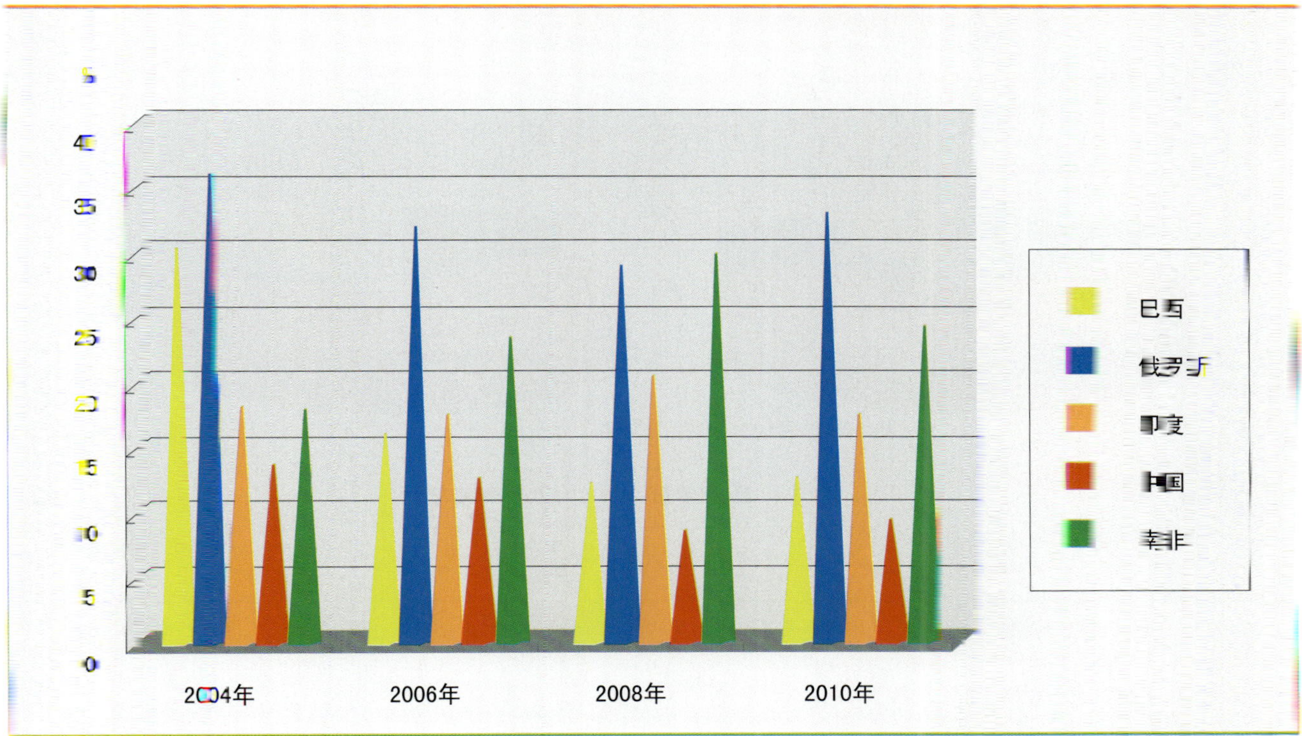

注：巴西和南非2010年数据实为2009年数据。

图 15.2.2 俄罗斯与其他金砖国家之间货物进出口额（2010年）

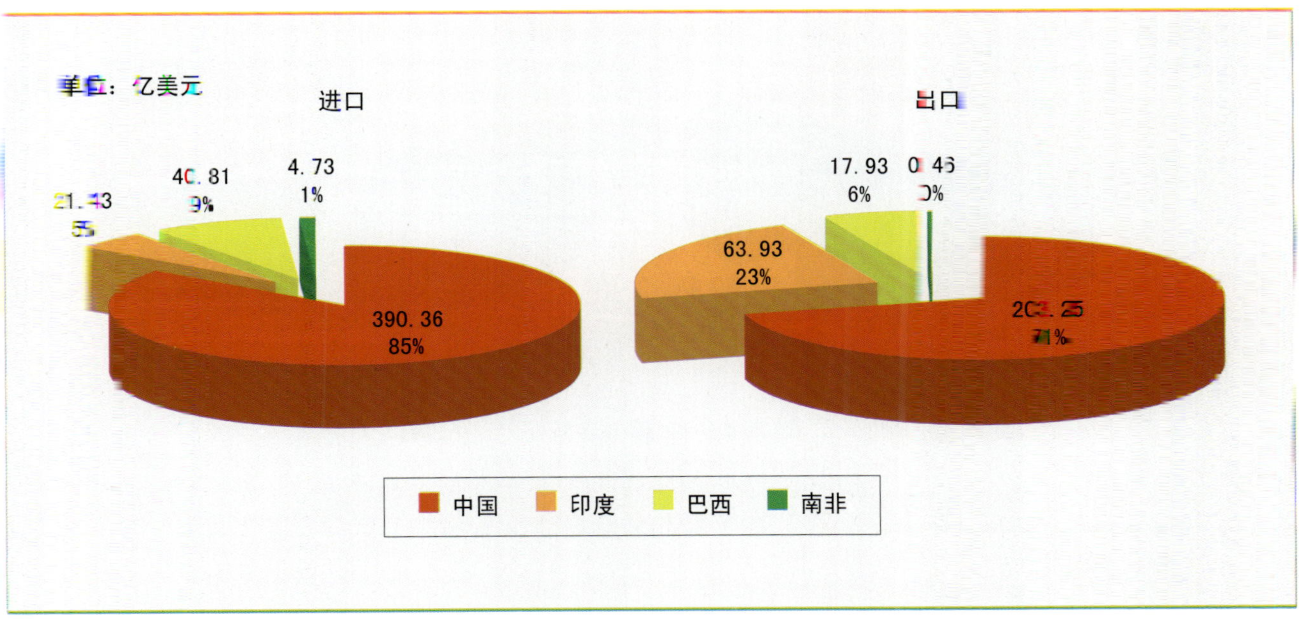

图 15.2.3.2 印度与其他金砖国家之间货物和服务进出口额（2009财年）

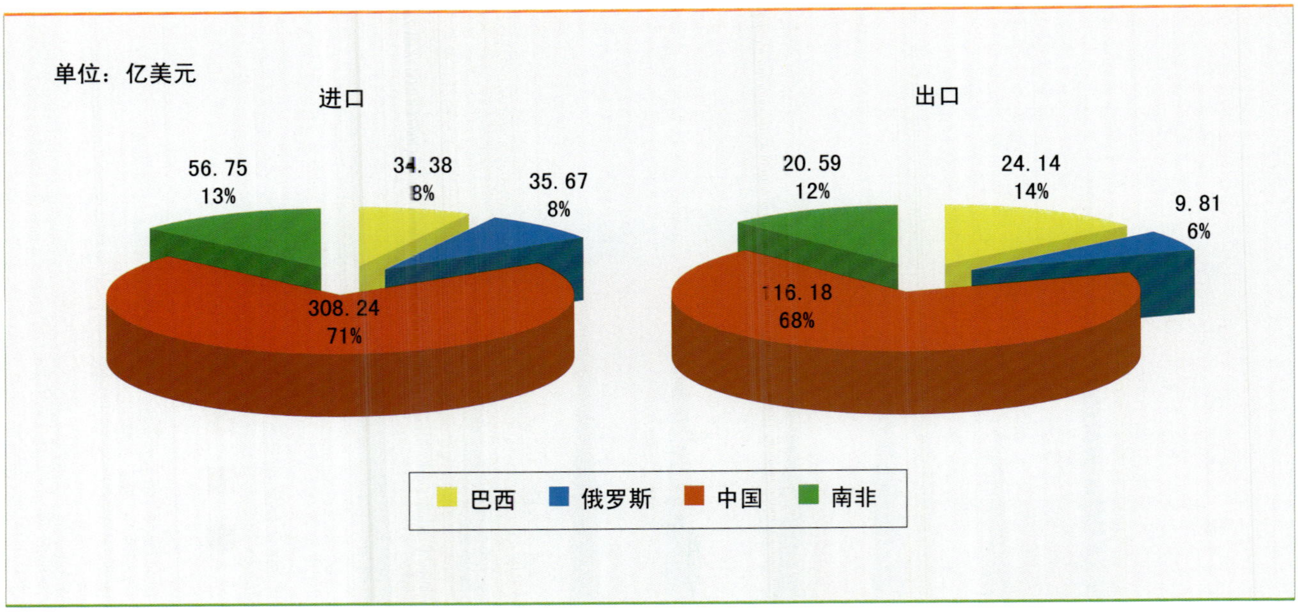

图 15.2.4.2 中国与其他金砖国家之间货物进出口额（2011年）

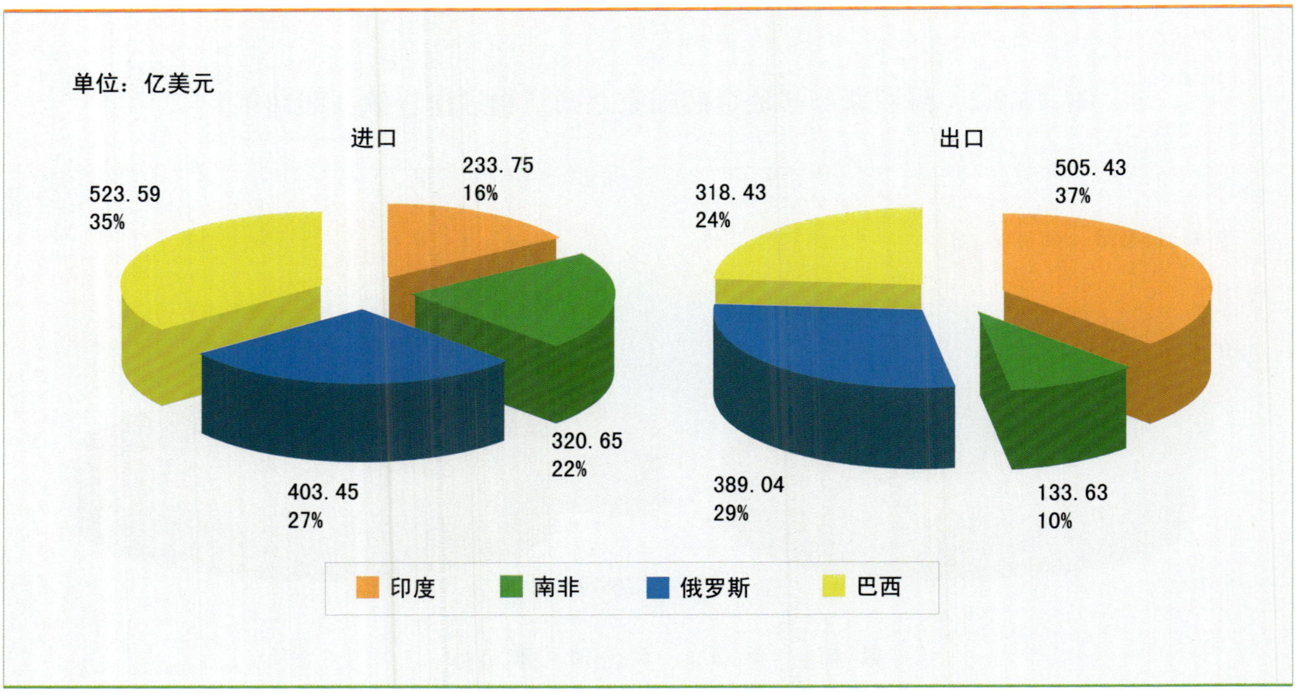

图 15.2.5　南非与其他金砖国家之间货物进出口额（20[illegible]年）

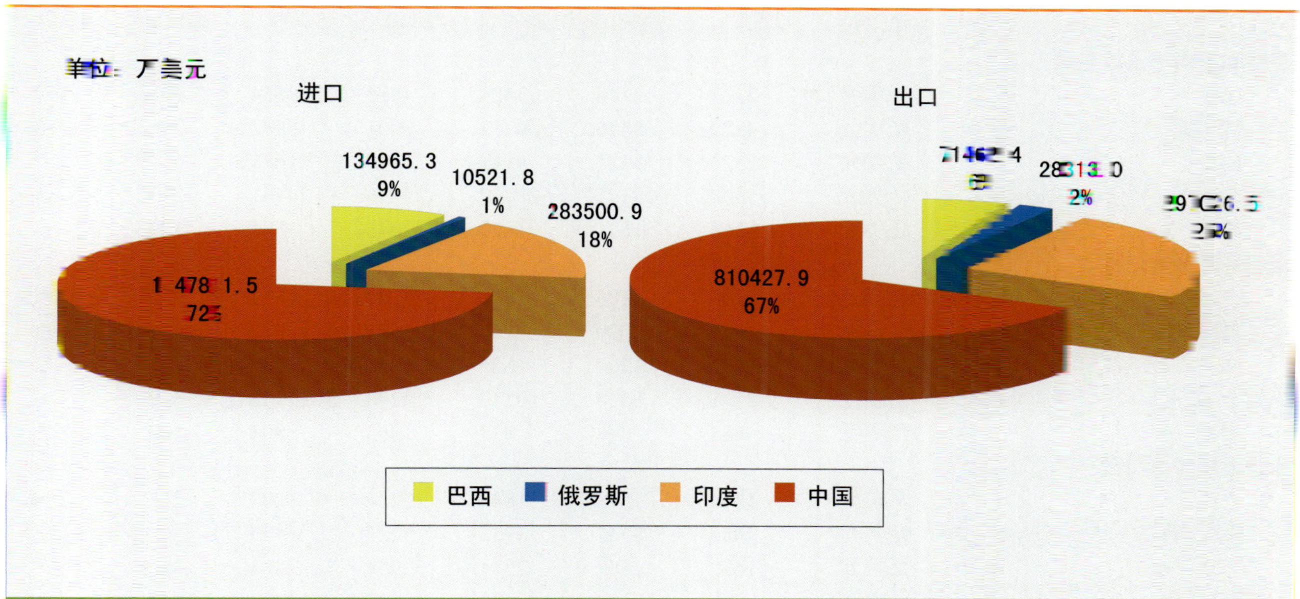

表 15.1　对外经济概况

指　标	单　位	2005	2006	2007	2008	2009	2010	2011
货物和服务进出口总额								
巴西	亿美元	2323	2778	3424	4486	3554	4783	4823
俄罗斯	亿美元	4329	5436	6753	8901	5982	7686	7168
印度(5)	亿美元	2523	3121	4143	4816	4671	6070	
中国(7)	亿美元	15490	19145	23769	29056	24466	32732	
南非	亿美元	1364	1631	1877	2046	1583	1996	
货物和服务进口额								
巴西	亿美元	980	1205	1578	2202	1747	2445	2262
俄罗斯	亿美元	1642	2090	2816	3673	2532	2244(2)	2992(2)
印度(5)	亿美元	1031	1264	1629	1828	1788	2544	
中国(7)	亿美元	7121	8528	10347	13238	11132	15206	
南非	亿美元	688	848	978	1065	804	1001	
货物和服务出口额								
巴西	亿美元	1344	1573	1846	2284	1807	2337	2560
俄罗斯	亿美元	2688	3347	3937	5227	3449	3195(2)	4177(2)
印度(5)	亿美元	1492	1857	2514	2988	2884	3526	
中国(7)	亿美元	8369	10617	13422	15817	13333	17526	
南非	亿美元	676	784	900	981	779	995	
经常账户盈余／赤字占GDP的比重								
巴西	%	1.6	1.3	0.1	-1.7	-1.5	-2.3	
俄罗斯	%	11.1	9.6	6.0	6.2	4.0	4.7	
印度(5)(6)	%	-2.7	-1.3	-0.2	-4.3	-5.8	-3.8	
中国	%	5.9	8.6	10.1	9.1	5.2	5.1	
南非	%	-3.0	-3.5	-5.3	-7.0	-7.1	-4.1	
货物和服务的出口与货物和服务进口比率								
巴西	%	137.2	130.6	117.0	103.7	103.5	95.6	113.1
俄罗斯	%	163.7	160.1	139.8	142.3	136.2	137.9	139.6
印度(5)	%	144.7	146.9	154.3	163.9	160.5	138.6	
中国	%	117.5	124.5	129.7	119.5	119.8	115.3	
南非	%	98.3	92.5	92.0	92.1	96.9	99.4	
货物出口与货物进口比率								
巴西	%	137.2	130.6	117.0	103.7	103.5	95.6	113.1
俄罗斯	%	194.4	184.8	158.6	161.6	158.2	160.9	162.2
印度								
中国	%	111.7	129.0	134.9	133.6	126.1	119.2	108.9
南非	%	99.4	93.9	93.7	95.2	100.4	104.7	
FDI流入额								
巴西	亿美元	150.66	188.22	345.85	450.58	259.49	484.62	
俄罗斯(4)	亿美元	130.72	136.78	277.97	270.27	159.06	138.10	184.15
印度(5)	亿美元	89.61	228.26	348.35	378.38	377.63	303.80	
中国(8)	亿美元	603.25	630.21	747.68	923.95	900.33	1057.35	1160.11
南非(10)	亿美元	66.44	-5.27	56.87	90.17	53.89	12.28	

表 15.1　对外经济概况

（续表）

指　标	单　位	2005	2006	2007	2008	2009	2010	2011
FDI流出额								
巴西	亿美元	25.2	282.0	70.7	204.6	100.8	[illegible]	
俄罗斯[2]	亿美元	5.6	32.1	91.8	218.2	174.5	[illegible]	190[2]
印度[5]	亿美元							
中国[8,9]	亿美元	122.6	176.3	265.1	559.1	565.3	[illegible]	
南非[11]	亿美元	-9.3	-65.9	-29.6		-11.6	[illegible]	
年平均汇率								
巴西	1美元兑换雷亚尔	2.43	2.18	1.95	1.84	1.99	1.76	
俄罗斯	1美元兑换卢布	28.28	27.18	25.57	24.81	31.68	[illegible]	29.35
印度[5]	1美元兑换卢比	44.27	45.28	40.24	45.92	47.42	[illegible]	
中国	1美元兑换人民币	8.19	7.97	7.60	6.95	6.83	6.77	6.46
南非	1美元兑换兰特	6.36	6.77	7.05	8.25	8.44	7.32	
年末汇率								
巴西	1美元兑换雷亚尔	2.34	2.14	1.77	2.34	1.74	1.67	
俄罗斯	1美元兑换卢布	28.78	26.33	24.55	29.38	30.24	[illegible]	32.20
印度[5,6]	1美元兑换卢比	44.61	43.60	39.99	50.95	45.14	[illegible]	
中国	1美元兑换人民币	8.07	7.81	7.30	6.83	6.83	[illegible]	[illegible]
南非	1美元兑换兰特	6.36	7.04	6.83	9.95	7.49	[illegible]	
外汇储备								
巴西	亿美元	538	858	1803	1938	2385	[illegible]	
俄罗斯	亿美元	1757	2953	4664	4107	4058	[illegible]	
印度[5]	亿美元	1415	1516	1992	3097	2520	[illegible]	[illegible]
中国	亿美元	8189	10663	15282	19460	23992	[illegible]	[illegible]
南非	亿美元	207	256	330	341	397	[illegible]	
外债余额占GDP的比重								
巴西	%	19.2	15.9	14.1	12.1	12.6		
俄罗斯	%	34	32	36	29	[illegible]	[illegible]	30[2]
印度[5]	%	16.7	17.5	18.1	20.5	[illegible]	17.4	
中国	%	13.1	12.5	11.1	8.6	[illegible]	9.3	
南非	%	19.5	23.4	25.4	29.8	[illegible]		
国际投资头寸								
巴西	亿美元	-3166	-3689	-5504	-2838	-6057[1]		
俄罗斯	亿美元	-106	-316	-388	-1506	2548	[illegible]	[illegible][4]
印度[5]	亿美元							
中国	亿美元	4077	6402	11881	14938	15107	[illegible]	
南非	亿美元	338	423	660	127	327		

资料来源：

巴西

1. 巴西中央银行。
2. 巴西发展部，巴西工业和外贸部。

俄罗斯

1. 俄罗斯联邦统计局。
2. 俄罗斯中央银行。
3. 国际货币基金组织。

印度

1. 印度商业与工业部。
2. 印度储备银行。

中国

1. 国家外汇管理局。
2. 中华人民共和国商务部。

南非

南非储备银行。

脚注：

巴西

(1) 截止 9 月份数据。

俄罗斯

(2) 指 1 月至 9 月的数据。

(3) 根据一些组织（不包括货币当局、商业银行）提供的统计报告，数据包括兑换成美元的卢布收益。

(4) 年初数据。

印度

(5) 为财政年度数据，即为当年 4 月 1 日至下年 3 月 31 日。

(6) 一般政府经常账户盈余包括中央政府和州政府。

中国

(7) 货物和服务进出口数据来自国家外汇管理局。

(8) FDI 数据来自中华人民共和国商务部。

(9) 2005 年和 2006 年 FDI 流出额为非金融类直接投资数据，2007 年以后为全行业对外直接投资数据。

南非

(10) 为负债增加和资产减少的净值。

(11) 为负债减少和资产增加的净值。

表 15.2.1　货物进出口贸易——巴西

单位：亿美元（当年价格）

指　　标	2005	2006	2007	2008	2009	2010	2011
从主要贸易伙伴的进口[1]	**736**	**914**	**1206**	**1730**	**1277**	**1816**	**2262**
美国	127	147	187	256	200	270	340
中国	54	80	126	200	159	256	328
阿根廷	62	81	104	133	113	144	169
德国	61	65	87	120	99	12[illegible]	152
日本	34	38	46	68	54	7[illegible]	79
韩国	23	31	34	54	48	8[illegible]	101
尼日利亚	26	39	53	67	48	5[illegible]	[illegible]4
意大利	23	26	33	46	37	43	[illegible]2
法国	27	28	35	47	36	43	[illegible]5
墨西哥	8	13	20	31	28	3[illegible]	[illegible]1
对主要贸易伙伴的出口[1]	**1185**	**1378**	**1606**	**1979**	**1530**	**201[illegible]**	**2560**
中国	44	58	71	111	106	21[illegible]	443
美国	42	69	89	137	9[illegible]	[illegible]	258
阿根廷	53	57	67	109	11[illegible]	[illegible]	227
荷兰	24	39	20	36	6[illegible]	[illegible]	136
德国	29	32	34	55	2[illegible]	[illegible]	90
日本	25	29	34	41	3[illegible]	[illegible]	95
英国	29	24	30	44	4[illegible]	[illegible]	52
委内瑞拉	20	24	29	38	3	[illegible]	46
印度	22	20	28	36	2[illegible]	[illegible]	32
智利	15	22	20	18	24	[illegible]	40
主要进口商品[1]	**736**	**914**	**1206**	**1730**	**127[illegible]**	**18[illegible]6**	**226[illegible]**
原油	77	91	120	164	92	101	[illegible]4[illegible]
柴油	10	17	30	51	17	[illegible]1	7[illegible]
汽车发动机，1500<气缸排量(立方厘米)≤3000，最多6名乘客	5	13	20	31	33	[illegible]9	7[illegible]
石脑油	14	17	19	22	15	[illegible]2	4[illegible]
其他电视机和无线电接收器零部件等	3	5	7	14	[illegible]	27	3[illegible]
其他氯化钾	10	9	15	38	21	22	3[illegible]
生煤，不结块	2	3	2	4	14	22	34
气态天然气	8	13	15	27	[illegible]6	21	27
阳极精炼铜/铜原料块	6	12	16	19	[illegible]0	19	20
小麦(不包括硬质小麦和小麦种)与黑麦	6	10	14	19	[illegible]2	15	13
主要出口商品[1]	**1185**	**1378**	**1606**	**1979**	**15[illegible]0**	**2019**	**2560**
非结块铁矿石及其精矿	44	58	71	111	1[illegible]6	21[illegible]	319
原油	42	69	89	137	[illegible]4	163	216
其他大豆，不论是否剥开	53	57	67	109	1[illegible]4	[illegible]	163
蔗糖原糖	24	39	20	36	[illegible]0	9[illegible]	115
结块铁矿石及其精矿	29	32	34	53	27	76	100
咖啡(未烘焙和未脱去咖啡因的咖啡豆)	25	29	34	41	38	52	80
豆油压榨过程中的其他固体榨渣	29	24	30	44	16	4[illegible]	[illegible]5
化学木浆	20	24	29	38	31	44	[illegible]0
家禽的肉块和可食用下水，冷冻	22	20	28	35	29	35	[illegible]5
其他甘蔗、甜菜、蔗糖化合物	15	22	20	13	24	35	[illegible]4

资料来源：

1. 巴西发展部。
2. 巴西工业和外贸部。

脚注：

(1) 贸易数据只包括货物，不包括服务。

表 15.2.2 货物进出口贸易——俄罗斯[1]

单位：亿美元

指标	2005	2006	2007	2008	2009	2010
从主要贸易伙伴的进口						
德国	133	185	265	341	212	267
荷兰	19	27	39	48	36	44
中国	73	129	244	348	228	390
意大利	44	57	85	110	79	100
土耳其	17	28	42	61	32	49
美国	46	64	95	138	92	111
法国	37	59	78	100	84	101
印度	8	10	13	17	15	21
巴西	23	30	41	44	35	41
南非	1	2	3	4	3	5
对主要贸易伙伴的出口						
德国	197	245	263	332	187	251
荷兰	246	359	429	570	364	540
中国	130	158	159	211	167	203
意大利	191	251	275	420	251	273
土耳其	108	143	185	277	164	204
美国	63	86	83	134	91	124
法国	61	77	87	122	87	124
印度	23	29	40	52	59	64
巴西	6	7	11	20	11	18
南非	0	0	0	0	2	0
主要进口商品						
新鲜和冷冻肉类(包括禽肉)	28	42	47	66	58	57
药品	39	53	56	75	71	93
乘用车	77	127	213	303	85	114
主要出口商品						
原油	834	1023	1215	1611	1006	1348
原油产品	338	444	522	799	481	701
天然气	314	438	448	691	420	476

资料来源：

俄罗斯联邦海关总署。

脚注：

(1) 数据来自俄罗斯联邦海关总署以及与白俄罗斯共和国的对外贸易数据，但由于自 2010 年 7 月 1 日开始，俄罗斯与哈萨克斯坦共和国之间产品边境清关取消，所以从 2010 年 7 月起，数据不包括两国双边贸易。

表 15.2.2　货物进出口贸易——俄罗斯(2010年)

单位：万美元(当年价)

商　品	巴　西	南　非	印　度	中　国	所有国家[1]
进口——全部	**408040**	**47340**	**214250**	**390[illegible]**	**[illegible]90[illegible]500**
1 [illegible]	30		61760	3[illegible]	93[illegible]500
2 [illegible]算机设备及其零件	10	10	670	387[illegible]	48[illegible]350
3 [illegible]话和电报通讯装置	100	20	12760	297[illegible]	56[illegible]530
4 [illegible]车			7700	8[illegible]	15[illegible]480
5 [illegible]车部件和配件	1070	850	1190	49[illegible]	56[illegible]530
6 [illegible]和冷冻肉(不含家禽)	169120			[illegible]	47[illegible]490
7 [illegible]鞋类	2260		1730	141[illegible]	26[illegible]560
8 [illegible]		10	0	[illegible]	20
9 [illegible]压缩机	580	540	590	36[illegible]	31[illegible]90
10 [illegible]具	80	10	390	46[illegible]	22[illegible]570
出口——全部	**179410**	**4580**	**639260**	**2032[illegible]**	**[illegible]66[illegible]430**
1 [illegible]	3490		12310	73[illegible]	[illegible]47[illegible]730
2 [illegible]产品	37950	20	1920	192[illegible]	[illegible]00[illegible]480
3 [illegible]气					[illegible]476
4 [illegible]钢制成的半成品	160		1590	[illegible]	69[illegible]160
5 [illegible]扁轧制品	26110	40	26280	[illegible]	60[illegible]330
6 [illegible]麦	550		60		20[illegible]10
7 [illegible]	3100		2760	9[illegible]	91[illegible]380
8 [illegible]肥料矿物	14080	400	37840	24[illegible]	27[illegible]570
9 [illegible]			30	25[illegible]	52[illegible]320
10 [illegible]		10	60	[illegible]	60[illegible]270

资料来源：

[illegible]海关总署。

附注

(1) 包括与白俄罗斯共和国的贸易；自 2010 年 7 月俄罗斯与哈萨克斯坦共和国之间产品[illegible]以 2010 年 7 月起，不包含两国双边贸易数据。

表 15.2.3.1　货物进出口贸易(主要贸易伙伴)——印度（2010/11年）

单位：亿美元

进口		出口	
国家	金额	国家	金额
安哥拉	51.12	澳大利亚	17.17
澳大利亚	107.89	巴西	39.71
比利时	86.10	加拿大	13.61
巴西	35.49	中国	196.16
中国	434.80	德国	67.59
法国	37.05	以色列	30.30
伊朗	109.28	俄罗斯	15.80
日本	86.32	阿联酋	343.49
科威特	103.14	英国	71.41
沙特阿拉伯	203.85	美国	255.48

表 15.2.3.2　货物和服务进出口贸易(金砖国家)——印度

单位：亿美元

指　标	2005/06	2006/07	2007/08	2008/09	2009/10	2010/11
进口						
巴西	8.93	9.92	9.50	11.86	[illegible]	[illegible]
俄罗斯	20.22	24.09	24.78	43.23	[illegible]	[illegible]
中国	108.69	174.75	271.46	324.97	[illegible]	[illegible]
南非	24.72	24.70	36.05	55.14	[illegible]	[illegible]
出口						
巴西	10.91	14.49	25.26	26.51	[illegible]	[illegible]
俄罗斯	7.33	9.04	9.41	10.95	[illegible]	[illegible]
中国	67.59	83.22	108.71	93.54	[illegible]	[illegible]
南非	15.27	22.42	26.61	19.80	[illegible]	[illegible]

表 15.2.3.3　货物进出口贸易——印度

单位：亿美元

指　标	2004/05	2005/06	2006/07	2007/08	2008/09	2009/10	2010/11
主要出口商品							
服装及其配饰，针织或钩织	26	32	36	43	50	46	48
服装及其配饰，非针织或钩织	39	54	53	54	59	61	64
电气机械和设备及其零件；录音机、扬声器，电视图像录像机及其零件	21	28	41	54	95	72	108
矿砂，矿渣及矿灰	37	45	49	70	55	67	58
塑料和塑料产品	21	22	27	28	25	28	39
食品厂的残渣和废料、加工动物饲料	7	11	13	21	23	17	25
大型和小型船只以及其他漂浮构造	3	9	10	17	37	26	53
不含铁路和索道用车的车辆及其零件和配件	25	33	38	45	60	62	113
医药产品	21	24	32	42	51	52	65
其他产品	8	9	14	15	48	52	36
主要进口商品							
核反应堆锅炉，机械及机械用具及其零件	97	139	186	253	266	240	290
钢铁	34	54	61	91	103	88	110
钢铁产品	9	13	25	33	37	28	36
有机化学产品	42	51	60	81	86	94	126
肥料	10	17	27	46	120	60	62
塑料及其制品	17	26	30	41	45	55	76
矿物燃料，矿物油及其蒸馏产品，烟煤，矿物蜡	348	503	618	864	1039	963	1159
电气机械和设备及其零件；录音机、扬声器，电视图像录像机及其零件	89	119	146	201	252	221	272
天然或养殖珍珠、宝石或准宝石、贵金属、镀金产品、仿首饰、硬币	208	207	226	263	439	463	771

资料来源：

印度政府商业与工业部。

表 15.2.4.1 货物进出口贸易——中国

单位：亿美元

指 标	2005	2006	2007	2008	2009	2010	2011[1]
从主要贸易伙伴的进口							
中国香港	122	108	128	129	87	123	155
印度	98	103	146	203	137	208	234
日本	1004	1157	1339	1506	1309	1767	1946
韩国	768	897	1038	1121	1025	1383	1627
中国台湾	747	871	1010	1033	857	1157	1249
南非	34	41	66	92	87	149	321
德国	307	379	454	558	557	743	927
俄罗斯	159	176	197	238	212	259	403
巴西	100	129	183	299	283	381	524
美国	486	592	694	814	775	1021	1222
澳大利亚	162	193	258	374	395	611	827
东盟	750	895	1084	1170	1067	1547	1928
欧盟	736	903	1109	1326	1277	1684	2112
对主要贸易伙伴的出口							
中国香港	1245	1553	1844	1907	1662	2183	2580
印度	89	146	240	316	297	409	505
日本	840	916	1020	1161	979	1211	1483
韩国	351	445	561	739	537	688	829
中国台湾	166	207	235	259	205	297	351
南非	38	58	74	86	74	108	134
德国	325	403	487	592	499	680	764
俄罗斯	132	158	285	331	175	296	389
巴西	48	74	114	188	141	245	319
美国	1629	2034	2327	2524	2208	2833	3245
澳大利亚	111	136	180	222	206	272	339
东盟	554	713	941	1143	1063	1382	1700
欧盟	1437	1820	2452	2931	2362	3112	3560

表 15.2.4.1　货物进出口贸易——中国

单位：亿美元(续表)

指　标	2005	2006	2007	2008	2009	2010	2011[1]
主要出口商品							
机电产品	4267	5494	7012	8229	7131	9334	10856
高新技术产品	212	2814	3478	4156	3769	4924	5488
钢材	131	262	441	634	223	368	513
自动数据处理设备及其部件	763	930	1237	1350	1224	1640	1763
自动数据处理设备的零件	284	326	323	314	257	307	299
电话机[2]	21	28	388	415	415	489	648
船舶	46	80	119	191	271	392	418
家具及其零件	135	171	221	269	253	330	379
非针织或钩边织物制服装	324	397	436	468	427	492	574
针织或钩编服装	279	412	569	546	481	597	715
主要进口商品							
机电产品	3504	4277	4990	5387	4914	6603	7533
高新技术产品	1977	2473	2870	3419	3098	4127	4630
大豆	78	75	115	218	188	251	298
铁矿砂及其精矿	184	209	338	605	501	794	1124
原油	477	664	798	1293	893	1352	1967
成品油	104	155	164	300	170	223	327
钢材	246	198	206	234	195	201	216
汽车和汽车底盘	51	75	110	152	154	307	432
自动数据处理设备及其部件	180	199	224	254	238	293	317
自动数据处理设备的零件	157	182	168	150	131	187	167

资料来源：

中华人民共和国海关总署。

脚注：

(1) 2011 年货物进出口数据为初步数。

(2) 从 2007 年起电话机包括手持或车载无线电话机。

表 15.2.4.2　货物进出口贸易(金砖国家)——中国[1)]

单位：万美元

	巴西	俄罗斯	印度	中国	南非	其他国家和地区	所有国家和地区
2005年出口	**482721**	**1321128**	**893428**	×	**382597**	[illegible]	[illegible]
1.机电产品	275895	327836	398367	×	156609	[illegible]	[illegible]
2.高新技术产品	130732	98783	210911	×	41334	[illegible]	[illegible]
3.自动数据处理设备及其部件	12828	6789	45825	×	14090	[illegible]	[illegible]
4.服装及衣着附件	21590	531720	1609	×	71143	[illegible]	[illegible]
5.纺织纱线、织物及制品	36133	89401	121050	×	36240	[illegible]	[illegible]
6.自动数据处理设备的零件	14025	6433	12599	×	3655	[illegible]	[illegible]
7.手持或车载无线电话机	9894	14469	36768	×	2164	[illegible]	[illegible]
8.鞋类	6269	112888	3165	×	24979	[illegible]	[illegible]
9.电视、收音机及无线电讯设备的零附件	42809	10076	10349	×	2492	[illegible]	[illegible]
10.集成电路及微电子组件	1895	1938	3601	×	355	[illegible]	[illegible]
2011年出口	**3184259**	**3890383**	**5054317**	×	**1336285**	[illegible]	[illegible]
1.机电产品	1910392	1883602	2769670	×	587824	[illegible]	[illegible]
2.高新技术产品	806251	581251	1102047	×	202367	[illegible]	[illegible]
3.自动数据处理设备及其部件	88739	196883	236998	×	66721	[illegible]	[illegible]
4.服装及衣着附件	130687	554777	24069	×	187515	[illegible]	[illegible]
5.纺织纱线、织物及制品	223557	214263	311429	×	91157	[illegible]	[illegible]
6.电话机	37834	68099	135276	×	31679	[illegible]	[illegible]
7.农产品	63286	194745	54870	×	33987	[illegible]	[illegible]
8.钢材	129873	113280	280565	×	35041	[illegible]	[illegible]
9.船舶	3531	9281	21470	×	158	[illegible]	[illegible]
10.鞋类	11806	246603	37492	×	70683	[illegible]	[illegible]
2005年进口	**999252**	**1588994**	**976622**	×	**344305**	[illegible]	[illegible]
1.机电产品	46213	34592	40979	×	7194	[illegible]	[illegible]
2.高新技术产品	7538	26473	14244	×	1764	[illegible]	[illegible]
3.集成电路及微电子组件	233	2526	1755	×	63	[illegible]	[illegible]
4.原油	45576	495878	-	×	-	[illegible]	[illegible]
5.农产品	301179	115130	39792	×	5595	[illegible]	[illegible]
6.液晶显示板	100	-	1	×	0	[illegible]	[illegible]
7.钢材	33177	157471	82580	×	36813	[illegible]	[illegible]
8.初级形状的塑料	8810	15061	39813	×	3124	[illegible]	[illegible]
9.铁矿砂及其精矿	387983	41619	522469	×	70455	[illegible]	[illegible]
10.自动数据处理设备及其部件	8	2	197	×	33	[illegible]	[illegible]
2011年进口	**5235934**	**4034547**	**2337467**	×	**3205519**	[illegible]	[illegible]
1.机电产品	132054	28839	126056	×	13573	[illegible]	[illegible]
2.高新技术产品	81191	66281	51814	×	3241	[illegible]	[illegible]
3.原油	488306	1631978	-	×	-	[illegible]	[illegible]
4.集成电路	212	832	3780	×	24	[illegible]	[illegible]
5.铁矿砂及其精矿	2569936	276619	966624	×	641793	[illegible]	[illegible]
6.农产品	1559114	169301	370257	×	35866	[illegible]	[illegible]
7.初级形状的塑料	33842	38479	62782	×	9717	[illegible]	[illegible]
8.液晶显示板	12	0	1	×	1	[illegible]	[illegible]
9.汽车(包括整套散件)	3	68	1762	×	1078	[illegible]	[illegible]
10.未锻造的铜及铜材	15591	23546	212444	×	7946	[illegible]	[illegible]

资料来源：

中华人民共和国海关总署。

脚注：

(1) 2011 年货物进出口数据为初步数。

(2) 从 2007 年起电话机包括手持或车载无线电话机。

表 15.2.5 货物进出口贸易——南非(2010年)

单位：万美元

商品	巴西	俄罗斯	印度	中国	所有国家
进口	**134965**	**10522**	**283501**	**1147812**	**7998891**
天然或养殖珍珠、宝石或准宝石、贵金属、镀金金属及其产品、仿首饰、硬币	18671	0.2	2164	5623	68300
矿产品	3825	50	6663	10108	127320
基本金属及其制品	1691	1102	642	91	83394
车辆、航行器、船舶及其相关设备	11267	5	7194	11458	203668
机械和机械设备，电气设备及其零件 录音机和扬声器，电视图像、录音机和扬声器的零配件	6816	972	85136	15388	1600079
化学及相关行业产品	6717	3001	40465	66556	766583
蔬菜产品	3401	549	9850	50741	325212
食品加工品、饮料、酒、醋、烟草及烟草替代品	2665	7	2498	15123	31106
木浆或其他纤维状材料；纸或纸板废料；纸和纸板及其制品	1747	46	122	5356	30129
塑料及其制品、橡胶及其制品	2415	28	2585	11999	129341
活牲畜，动物产品	629	31	15237	136924	251294
杂项制品	763	5	1902	62629	81712
纺织原料及纺织制品	1765	4	2341	29024	100290
光学、摄影、电影摄影、测量、检查、精密、内科或外科仪器及器具、钟表、乐器及其零件和附件	23	663	5318	6094	81486
木材及木制品、木炭、软木及软木制品、稻草、茅草或其他编结品材料、编篮及柳条制品	6137	2923	19334	82650	374929
其他未分类的商品	20941	862	36535	504079	2031434
石料、石膏、水泥、石棉、云母或类似材料、陶瓷制品、玻璃及玻璃制品	13814	187	38308	36863	820240
生皮、皮革、毛皮及其制品；鞍具及挽具、旅行用品、手袋及类似容器；动物肠线(蚕丝肠除外)	667	89	1921	21285	218844
动物或植物油脂及其分解产品；调制食用油脂；动物或植物蜡					130345
鞋、帽、伞、太阳伞、手杖、带座手杖、鞭子、马鞭及其零件、经处理的羽毛及其制品、人造花、人发制品	498	1	2531	71741	2382
艺术品、珍藏品及古董	1		40	184	518274
特殊分类规定：原始设备零件	2	0	123	59	18188
未分类的商品	30511		2594	3835	4343
出口	**71462**	**28313**	**297027**	**810428**	**8060447**
天然或养殖珍珠、宝石或半宝石、贵金属、复合金属、仿首饰、硬币	136	12	7007	24827	2082220
矿产品	281	5176	201525	578029	1728947

表 15.2.5　货物进出口贸易——南非(2010年)

单位：万美元[illegible]

商品	巴西	俄罗斯	印度	中国	所有国家
基本金属及基本金属制品		1803	35323	136416	[illegible]
车辆、航空器、船舶及有关运输设备	1093	188	1025	1593	[illegible]
机械及机械设备、电器、录音机及放声机、电视图像及这类制品的零件及附件	14757	3970	7899	[illegible]	[illegible]
化学品或有关工业产品	14127	210	28774	[illegible]	[illegible]
植物产品	5486	14517	572	[illegible]	[illegible]
食物产品、饮料、酒、醋、烟草及烟草替代品	15	2041	482	[illegible]	[illegible]
木浆或其他纤维素材料；纸和纸板废料；纸和纸板及其制品	6	33	5575	[illegible]	[illegible]
塑料及其制品、橡胶及其制品	392	55	2772	[illegible]	[illegible]
活动物和动物产品	154	38	6	[illegible]	[illegible]
其他制成品	80	4	64	44	[illegible]
纺织原料和纺织产品	519	194	3379	[illegible]	[illegible]
光学、摄影、电影、测量、校核、精密、内科或外科方面的工具和仪器，钟表、乐器及其零配件	31	18	627	–42	[illegible]
木材及木材制品、木炭、软木及软木制品，稻草、纸茎针草和其他草编产品，柳编产品，编织物	21110	2	14	42	[illegible]
其他未分类的商品	12143		17		[illegible]
石料、石膏、水泥、石棉、云母或类似材料产品、陶瓷制品、玻璃及玻璃制品	830	6	1835	[illegible]	[illegible]
生皮、兽皮、皮革、皮毛及其制品；鞍具及挽具、旅行用品、手袋及类似物品；动物肠线(不包括蚕胶丝)	243	29	102	[illegible]	[illegible]
动物或植物油脂及其分解产品；食用油脂成品；动植物蜡			[illegible]	[illegible]	[illegible]
鞋、帽、伞、太阳伞、手杖、带座手杖、鞭子、短马鞭及其零件、经处理的羽毛及其制品、人造花、人发制品	21	1	[illegible]	[illegible]	[illegible]
艺术品、收藏品及古董	17	19	[illegible]	[illegible]	[illegible]
特别分类：原始设备零件	23			[illegible]	[illegible]

南非：

南非税务局。

表15.3.1　外国直接投资(FDI)——巴西

单位：万美元

项　目	2000	2001	2002	2003	2004
FDI流入额[1]					
荷兰	222804	189185	337246	144488	770485
美国	539871	446493	261458	238275	397783
西班牙	959286	276658	58690	71047	105493
德国	37456	104746	62829	50761	79473
加拿大	19282	44110	98935	11678	59254
葡萄牙	251480	169226	101876	20100	57000
法国	190971	191282	181497	82523	48586
瑞士	30684	18178	34736	33600	36500
日本	38474	82660	50448	136835	24317
阿根廷	11271	5677	8847	7616	8050
墨西哥	22420	6110	2440	4660	6034
智利	2905	6204	4690	6675	2180
印度		338	400	743	1414
中国		200	974	1551	435
南非		571	557	827	359
委内瑞拉		316	366	300	100
厄瓜多尔		228	48	51	58
哥伦比亚		128	115	19	40
俄罗斯			2		

资料来源：

巴西中央银行。

注脚：

(1) 从 1996 年到 2004 年有分国别数据。

表 15.3.2　外国直接投资(FDI)——俄罗斯[1]

单位：亿美元

项　目	2005	2006	2007	2008	2009	2010
FDI流入额(按资金来源地划分)	**130.72**	**136.78**	**277.97**	**270.27**	**159.06**	**138.10**
塞浦路斯	15.29	37.88	62.80	65.42	37.04	34.5[illegible]
德国	5.51	6.34	11.23	35.60	23.13	25.82
荷兰	71.25	39.00	136.69	54.96	14.31	15.15
法国	5.13	3.43	6.63	8.79	7.38	9.[illegible]
英国	6.17	5.63	5.15	12.10	5.42	5.84
韩国	0.12	0.78	0.47	2.26	4.54	5.20
印度	0.06	3.52	2.26	3.12	3.56	5.12
芬兰	1.70	1.62	5.06	7.63	6.76	3.89
奥地利	2.61	2.86	3.60	11.44	4.40	3.71
维尔京群岛(英属)	2.23	9.79	6.58	20.02	7.03	3.07
中国	0.13	1.06	2.29	1.10	3.01	1.21
南非		0.05			0.01	
FDI流出额(按资金流出目的地划分)	**5.58**	**32.08**	**91.79**	**218.18**	**174.54**	**102.71**
荷兰		1.57	67.28	65.42	100.23	64.52
塞浦路斯	0.11	12.03	4.82	85.54	35.14	12.62
白俄罗斯	0.08	0.01	6.34	6.55	6.58	6.75
瑞士		0.25	0.03	10.14	5.92	4.76
美国	1.15	1.92	5.50	36.78	8.56	2.[illegible]
乌克兰	0.26	0.09	0.15	0.09	0.26	2.[illegible]
德国	0.21	1.37	0.70	2.77	0.79	1.3[illegible]
维尔京群岛(英属)		0.38	0.07	0.69	0.30	1.5[illegible]
意大利				0.63	0.03	1.[illegible]
土耳其		0.01	1.04	0.77	0.48	0.3
中国		0.04	0.02	0.12		

资料来源：

俄罗斯联邦统计局。

脚注

(1) 根据一些组织（不包括货币当局、商业银行）提供的统计报告，数据包括兑换成美元的卢布收益。

表 15.3.3　外国直接投资(FDI)——中国

单位：亿美元

	2005	2006	2007	2008	2009	2010	2011
FDI流入额(按资金来源地划分)	**603.3**	**630.2**	**747.7**	**924.0**	**900.3**	**1057.3**	**1160.1**
中国香港	179.5	202.3	277.0	410.4	460.8	605.7	705.0
维尔京群岛	90.2	112.5	165.5	159.5	113.0	104.5	97.3
新加坡	22.0	22.6	31.9	44.4	36.1	54.3	61.0
韩国	51.7	39.0	36.8	31.4	27.0	26.9	25.5
开曼群岛	19.5	21.0	25.7	31.5	25.8	25.0	22.4
美国	30.6	28.7	26.2	29.4	25.6	30.2	23.7
萨摩亚	13.6	15.4	21.7	25.5	20.2	17.7	20.8
中国台湾	21.5	21.4	17.7	19.0	18.8	24.8	21.8
德国	15.3	19.8	7.3	9.0	12.2	8.9	11.3
毛里求斯	9.1	10.3	13.3	14.9	11.0	9.3	11.4
印度	0.2	0.5	0.3	0.9	0.6	0.5	0.4
巴西	0.3	0.6	0.3	0.4	0.5	0.6	0.4
南非	1.1	1.0	0.7	0.3	0.4	0.7	0.1
俄罗斯	0.8	0.7	0.5	0.6	0.3	0.4	0.3
FDI流出额(按资金流出目的地划分)(1)	**122.6**	**176.3**	**265.1**	**559.1**	**565.3**	**688.1**	
中国香港	34.2	69.3	137.3	386.4	356.0	385.1	
开曼群岛	51.6	78.3	26.0	15.2	53.7	35.0	
澳大利亚	1.9	0.9	5.3	18.9	24.4	17.0	
卢森堡			0.04	0.42	22.70	32.07	
维尔京群岛	12.3	5.4	18.8	21.0	16.1	61.2	
新加坡	0.2	1.3	4.0	15.5	14.1	11.2	
美国	2.3	2.0	2.0	4.6	9.1	13.1	
加拿大	0.3	0.4	10.3	0.1	6.1	11.4	
中国澳门	0.1	-0.4	0.5	6.4	4.6	1.0	
缅甸	0.1	0.1	0.9	2.3	3.8	8.8	
俄罗斯	2.0	4.5	4.8	4.0	3.5	5.7	
巴西	0.2	0.1	0.5	0.2	1.2	4.9	
南非	0.5	0.4	4.5	48.1	0.4	4.1	
印度	0.1	0.1	0.2	1.0	-0.3	0.5	

资料来源：

中华人民共和国商务部。

脚注：

(1)2005-2006 年 FDI 流出额为非金融类直接投资数据，2007-2010 年为全口径 FDI 流出额。

表 15.4.1　　国际收支平衡表(2010年)——巴西

单位：亿美元

项　　目	差　额	贷　方	借　方
经常项目[(2)]	**-475.18**	**2458.02**	**2933.19**
货物差额(离岸价格)	202.67	2019.15	1816.49
服务和收入收益(净额)	-706.30	391.74	1098.04
服务	-310.71	318.21	628.92
收入	-395.58	73.53	469.11
经常项目单方面转移	28.45	47.12	18.67
资本和金融项目[(1)]	**1001.02**	**2443.00**	**1441.98**
资本项目[(2)]	11.19	14.53	3.35
金融项目	989.83	2428.47	1438.64
直接投资	369.62	1023.47	653.85
证券投资	644.58	1921.57	1276.99
金融衍生工具	-1.12	0.33	1.45
其他投资	123.24	-514.90	49[illegible].56
误差和遗漏[(2)]	**-34.84**		
总差额[(2)]	**491.01**		

资料来源：

巴西中央银行。

注释：

(1) 所采用的年度平均汇率在表 14.2.1 和 15.1 可获得。

(2) 包括资本的无回报转移以及品牌和专利无偿授权。

表 15.4.2 国际收支平衡表(2009年)——俄罗斯

单位：亿美元

项 目	差 额
经常项目	**493.65**
货物和服务	917.02
收入	-394.74
经常转移	-28.62
金融和资本项目	**-476.39**
储备资产	**-33.77**
净误差与遗漏	**-17.27**

资料来源：

俄罗斯中央银行。

表 15.4.3　国际收支平衡表(2010/11年)——印度

单位：亿美元

项　目	贷　方	借　方	净　额
一、经常项目			
I. 商品	2504.68	3809.35	-1304.67
II. 无形商品	1975.83	1112.97	862.85
经常项目总额(I+II)	4480.51	4923.32	-442.81
二、资本项目			
1.外商投资	2868.96	2494.52	374.44
2.借款	1067.02	783.43	283.59
3.银行资本	923.24	873.61	49.63
4.卢比负债额		1.69	-1.69
5.其他资本	101.13	205.53	-104.40
资本项目总额(1至5)	4960.35	4362.88	597.47
三、误差与遗漏		**24.16**	**-24.16**
四、总差额(经常项目总额、资本项目总额以及误差与遗漏(一+二+三))	9440.86	9310.36	130.50

表 15.4.4 国际收支平衡表(2010年)——中国

单位：亿美元

项　目	差　额	贷　方	借　方
经常项目	**3053.74**	**19467.63**	**16413.89**
货物和服务	2320.62	17526.21	15205.59
货物	2541.80	15814.17	13272.38
服务	-221.18	1712.03	1933.21
收益	303.80	1446.22	1142.42
职工报酬	121.81	136.36	14.55
投资收益	181.99	1309.86	1127.87
经常转移	429.32	495.21	65.88
各级政府	-2.72	0.22	2.94
其他部门	432.04	494.99	62.95
资本和金融项目	**2260.45**	**11080.29**	**8819.84**
资本项目	46.30	48.15	1.85
金融项目	2214.14	11032.14	8817.99
直接投资	1249.30	2143.64	894.34
证券投资	240.38	635.85	395.46
其他投资	724.46	8252.65	7528.19
储备资产	**-4717.39**		**4717.39**
货币黄金			
特别提款权	-1.07		1.07
在基金组织的储备头寸	-20.76		20.76
外汇	-4695.56		4695.56
净误差与遗漏	**-596.80**		**596.80**

资料来源 ：

国家外汇管理局，2010 年《中国国际收支报告》。

表 15.4.5　国际收支平衡表(2010年)——南非

单位：亿美元

项　目	差　额	贷　方	借　方
经常项目	**-103.35**	**1062.87**	[illegible]
货物差额(离岸价)[1]	37.51	862.30	[illegible]
服务和收入收益(净)	-117.75	188.14	[illegible]
服务收益	-44.78	141.13	[illegible]
收入收益	-72.97	47.01	[illegible]
经常性转移	-23.11	12.53	[illegible]
资本与金融账户[3]	**30.73**		
资本账户[2]	0.31		
金融账户	110.62	77.52	[illegible]
直接投资	11.03	15.53	[illegible]
证券投资	108.77	47.33	[illegible]
金融衍生工具			
其他投资	-9.17	14.96	[illegible]
误差与遗漏[3]	**34.19**		
总差额[3]	**145.12**		

资料来源：

南非储备银行。

脚注：

(1) 按国际收支平衡目的对公共海关数据进行了调整。

(2) 黄金商品。1981 年之前，黄金出口净额为对国外销售的黄金净额加上南非储备银行和其他银行机构黄金持有量的变动额。

(3) 外国人对在南非企业的投资额，在附属企业或总公司拥有至少有 10% 的投票权。

主要统计指标解释：

国家解释：

俄罗斯

货物出口 是指离开俄罗斯海关，但不一定再由俄罗斯进口的货物出境，包括国内货物的出口和再出口。国内货物包括从国外进口到俄罗斯但在俄罗斯进行了很大程度的加工（货物的主要质量和 技术特征有所改变）。再出口是指进口的货物再次离开俄罗斯边境，进口时无需支付关税、货物税，可获得退税，但不适用于受到禁运或限制的货物。货物出口采用离岸价格或出口国的边境价格。

货物进口 是指进入俄罗斯联邦境内的商品，不一定会再次出口国外。进口商品包括用于国内消费的商品以及再次进口的商品。再出口包括再次离开俄罗斯边境的进口货物，进口时无需支付关税、货物税，但不适用于受到禁运或限制的货物。进口采用离岸价格或进口国的边境价格（即到岸价格，包括保险费、将货物运输到进口国的费用等）。

印度

出口 是指作为贷方计入由出口商在货物运送单中申报的最终目的地国家的金额，无论货物是否通过海港运出。最终目的地国家是指从印度出口货物的运送目的地，无论是通过未经转运的海运或者空运运出。

进口 是根据交送货物到印度的国家来分类，而跟是直接运送到印度的国家无关。交送的国家是指货运通过陆地和海运或者仅海运或者航空运送来的地方，没有中途从一种交通工具到另一种的转运或者转让。因此运送国家不是指货物来源国家，它可能被另外一个国家的公司购买，然后运送到印度。

中国

对外贸易统计及范围 中国的对外贸易统计由海关总署承担。统计依据是中国各地海关对进出口货物执行实际监管的进出口报关单。对外贸易统计包括中国对外贸易实际进出口货物；通过中国关境的转口贸易货物；加工贸易进出口货物；租赁期一年及以上的租赁贸易货物；外商投资企业进出口货物；国家间和国际组织无偿援助的物资以及华侨、港澳台同胞和外籍华人的捐赠品。不包括：未通过中国关境的转口贸易货物；租赁期一年以下的进出境货物；暂时进出口尚需复运出进口的货物；进出境运输工具添加的燃料和食品以及经过中国领土的直接过境货物。

进出口统计价格 进口货物统计到岸价格（CIF），出口货物统计离岸价格（FOB）。

到岸价格包括货价、加上货物运抵中国关境输入地点起卸前的包装费、运费、保险费和其他劳务费等费用。离岸价格不包括货物离开中国关境后运费、保险费和其他费用。

统计价格分别以人民币和美元计值。如果成交价格为其它货币，则根据国家外汇管理部门公布的折算率分别折算成人民币和美元。

进出口国家（地区） 进口货物统计原产国，出口货物统计最终目的地国。

原产国 指进口货物生产、开采或加工制造的国家（地区）。对经过两个以上国家（地区）加工制造的进口货物，则以最后一个对货物进行经济上可以视实质性加工的国家（地区）作为该货物的原产国。原产国确实不详时，按“国别不详”统计。

最终目的地国 指出口货物已知的消费、使用或进一步加工制造国家（地区），包括直接使用或进行加工的国家（地区）。最终目的地国不能确定时，按货物出口时尽可能预知的最后运往国（地区）统计。

FDI 流入 指外国企业和经济组织或个人（包括华侨、港澳台胞以及我国在境外注册的企业）按我国有关政策、法规，用现汇、实物、技术等在我国境内开办外商独资企业、与我国境内的企业或经济组织共同举办中外合资经营企业、合作经营企业或合作开发资源的投资（包括外商投资收益的再投资），以及经政府有关部门批准的项目投资总额内企业从境外借入的资金。

FDI流出　指我国国内投资者以现金、实物、无形资产等方式在国外及港澳台地区设立、购买国（境）外企业，并以控制该企业的经营管理权为核心的经济活动。

国际收支平衡表　是特定时期居民与非居民之间的经济交易汇总表。

国际投资头寸　是指一经济体居民对非居民的债权或作为储备资产持有的金块等金融资产，以及一经济体居民对非居民负债的价值。

New Delhi

BRICS 2012

金砖国家
联合统计手册
2012

第十六章 旅游

图 16.1　金砖国家外国人境旅游人数——按洲划分(2010年)

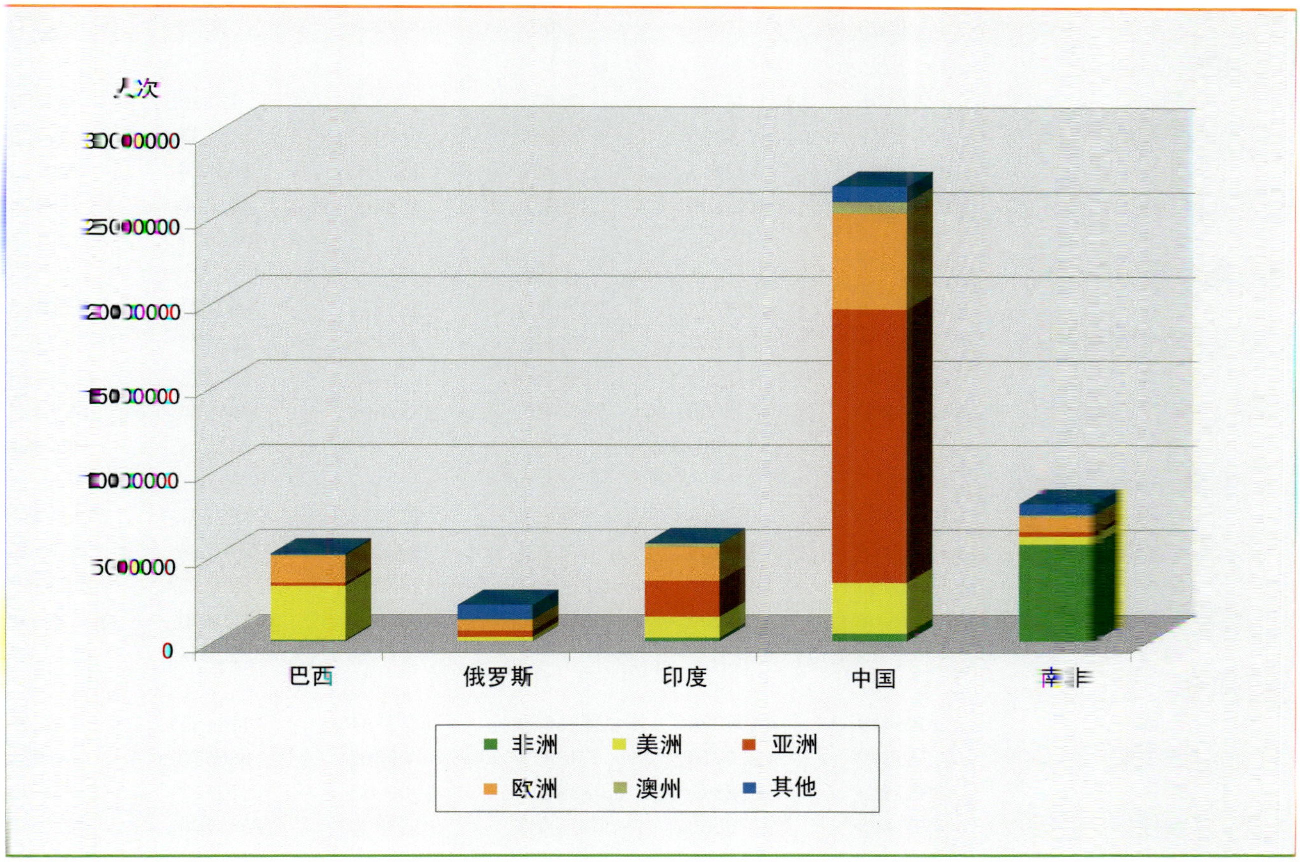

表 16.1　旅游(按洲划分的入境旅游人数)

单位:人次

	2005	2006	2007	2008	2009	2010
非洲						
巴西	75675	83721	75435	75824	78110	83688
俄罗斯	5963	6825	6355	10467	9553	9822
印度	154801	142813	157485	141750	164474	204525
中国	258000	293800	379100	378400	401200	463550
南非					5089414	5741177
美洲						
巴西	2958064	2717273	2779164	2883839	2862171	3196300
俄罗斯	196703	274202	237521	277670	266125	242421
印度	804394	912051	1049595	1070802	1097813	1236390
中国	2145808	2405800	2804100	2581500	2491100	2995397
南非					333245	457981
亚洲						
巴西	145536	182614	188671	220418	159791	184255
俄罗斯	364382	330409	311904	303321	270718	363938
印度	1440765	1620320	1809601	1955543	1889232	2133750
中国	12459900	13588200	16061200	14551000	13779300	16178600
南非					222968	282568
欧洲						
巴西	2006439	1894724	1836649	1739761	1578185	1575525
俄罗斯	739319	829710	713817	702302	660570	651628
印度	1383564	1608580	1838847	1900635	1817517	1977990
中国	4791400	5279600	6216800	6123300	4591100	5697900
南非					763901	839874
澳洲(1)						
巴西	25023	31819	43520	47000	48295	46302
俄罗斯	13210	23035	29629	29826	25268	24591
印度	119778	137436	167063	178308	182451	210280
中国	483000	538100	607400	571500	561500	661342
南非					101479	128149
其他						
巴西	105436	107100	102395	83257	75665	75309
俄罗斯	1040040	968837	914371	971488	868367	841469
印度	35308	25967	58913	35565	16212	12757
中国	6500	4300	3100	2300	2200	2096
南非					500858	623803

资料来源:

巴西

巴西旅游部和联邦警察局。

印度

印度旅游部市场研究处,《印度旅游统计》各期。

中国

中华人民共和国国家统计局,2011年《中国统计年鉴》。

脚注:

(1) 巴西、印度和南非所指澳洲包括澳大利亚、斐济等国家,但俄罗斯和中国仅指澳大利亚。

表 16.2.1　外国人境旅游人数(排名前15位的国家)——巴西

单位：人次

国家和地区	2005	2006	2007	2008	2009	2010
阿根廷	992299	933061	921679	1017675	1211159	1399592
美国	793559	721633	695749	625506	603674	641377
意大利	303878	287898	268685	265724	253545	245491
乌拉圭	341547	255349	226111	199403	189412	228545
德国	308598	277182	257740	254264	215595	226630
智利	169953	176357	260439	240087	170491	200724
法国	263829	275913	254367	214440	205860	199719
巴拉圭	249030	198958	212022	217709	180373	194340
葡萄牙	357640	299211	280438	222558	183697	189065
西班牙	172979	211741	216891	202624	174526	179340
英格兰	169514	169627	176970	181179	172643	167355
玻利维亚	63670	55169	61990	84072	83454	99359
哥伦比亚	47230	50103	45838	96846	78630	85557
秘鲁	60251	64002	96336	93693	78575	81020
荷兰	109708	86122	83566	81936	75518	76411
其他	949385	954925	967013	1052383	925285	946844
总　计	**5358170**	**5017251**	**5025834**	**5050099**	**4802217**	**5161379**

资料来源：

巴西旅游部和联邦警察局。

表 16.2.2　外国人境旅游人数(排名前15位的国家)——俄罗斯[1]

单位：人次

国家和地区	2005	2006	2007	2008	2009	2010	2011[2]
德国	313547	328583	345708	332822	333892	347214	306872
以色列	30397	27133	31250	32725	46451	58694	59358
西班牙	60180	53943	79497	105655	95070	86732	92277
意大利	125310	116000	129950	143493	113495	122973	107103
中国	204192	157361	129749	127155	115870	158061	195907
韩国	43304	42951	48825	47343	35200	42573	41440
拉脱维亚	119938	49396	64280	66754	33884	33796	26207
荷兰	32695	29014	33659	35376	31851	34907	31601
英国	118996	124169	130608	142016	150910	126454	110152
美国	156737	224970	172356	185888	183293	162383	150683
土耳其	43978	47106	49479	54593	43756	56376	58463
芬兰	175557	148153	153139	142017	149884	139216	109737
法国	109305	102513	112762	103223	94176	94282	80902
爱沙尼亚	64662	65385	46602	45749	34002	34589	25991
日本	50842	59581	45083	44435	39269	42176	32050
其他	734986	356760	640650	685830	599598	593443	547040
总　计	**2384626**	**2433018**	**2213597**	**2295074**	**2100601**	**2133869**	**1975783**

脚注：

(1) 数据来自俄罗斯联邦安全局（州边境服务）。外国游客数量是以“旅游”为目的的人数。

(2) 为 1 到 9 月份数据。

表16.2.3　外国人境旅游人数(排名前15位的国家)——印度

单位：人次

国家和地区	2005	2006	2007	2008	2009
美国	611165	696739	799062	804933	827140
英国	651803	734240	796191	776530	769251
孟加拉国	456371	484401	480240	541884	468899
斯里兰卡	136400	154813	204084	213805	239995
加拿大	157643	176567	208214	222364	224069
法国	152258	175345	204827	207802	196462
德国	120243	156808	184195	204344	191616
日本	103082	119292	145538	145352	124756
澳大利亚[1]	96258	109867	135925	146209	149074
马来西亚	96276	107286	112741	115794	135343
新加坡	68666	82574	92908	97851	95328
中国	44897	62330	88103	98093	100209
俄罗斯	56446	62203	75543	91095	94945
意大利	67642	79978	93540	85766	77673
韩国	49895	70407	84583	82335	
其他	1049565	1174317	1375810	1443446	1283454
总　计	**3918610**	**4447167**	**5081504**	**5282603**	**5167699**

资料来源：

印度旅游部。

附注：

(1) 包括澳大利亚和斐济等国家。

表 16.2.4 入境旅游人数(排名前15位的国家或地区)--中国[1]

单位：万人次

2010年排名	国家和地区	2005	2006	2007	2008	2009	2010
1	韩国	354.53	392.40	477.71	396.04	331.75	407.64
2	日本	339.00	374.59	397.75	344.61	319.75	373.12
3	俄罗斯	222.39	240.51	300.39	312.34	174.30	237.03
4	美国	155.55	171.03	190.12	178.64	170.98	200.96
5	马来西亚	89.96	91.05	106.20	104.05	105.90	124.52
6	新加坡	75.59	82.79	92.20	87.58	88.95	100.37
7	越南	65.40	70.42	83.30	79.53	74.89	92.00
8	菲律宾	64.20	63.12	68.20	70.53	57.67	82.83
9	蒙古	58.63	59.20	61.16	57.15	56.15	79.44
10	加拿大	49.96	55.26	60.74	55.43	55.03	68.53
11	澳大利亚	48.30	53.81	60.51	55.15	54.18	66.13
12	泰国	45.49	50.06	57.72	53.47	52.88	63.55
13	德国	42.98	49.97	55.67	52.89	51.85	60.86
14	英国	37.76	43.30	47.71	43.66	46.90	57.50
15	印度尼西亚	37.20	40.51	46.34	43.00	44.89	57.34
	印度	35.65	40.51	46.25	43.66	44.89	54.93
	巴西	3.79	4.78	6.74	7.47	6.37	8.51
	南非	5.18	5.55	5.78	5.43	5.08	6.45
	总　计	**2025.51**	**2221.03**	**2610.97**	**2432.53**	**2193.75**	**2612.69**

资料来源：

国家旅游局，中国旅游统计年鉴。

脚注：

(1) 国家和地区按 2010 年数据排名。

表 16.2.5　外国人境旅游人数(排名前15位的国家)——南非

单位：人次

国家和地区	2009	[illegible]
津巴布韦	1227631	[illegible]
莱索托	1048550	[illegible]
莫桑比克	983739	[illegible]
斯威士兰	628113	[illegible]
博茨瓦纳	484258	[illegible]
英国	446369	[illegible]
美国	230324	[illegible]
德国	196643	[illegible]
纳米比亚	177863	[illegible]
赞比亚	147089	[illegible]
马拉维	139605	[illegible]
金砖国家		
印度	55203	[illegible]
中国	34561	[illegible]
巴西	32256	[illegible]
俄罗斯	8893	[illegible]
其他	1170768	[illegible]
总计	**7011865**	[illegible]

表 16.3.1　外国人境旅游人数——巴西

单位：人次

国家和地区	2005	2006	2007	2008	2009	2010
北美洲	941777	855098	818536	765380	734998	773181
中美洲和南美洲	2056283	1862175	1960628	2118459	2127173	2423119
西欧(奥地利、比利时、丹麦、芬兰、法国、德国、希腊、爱尔兰、意大利、荷兰、挪威、葡萄牙、西班牙、瑞典、瑞士、英国等)	1970540	1873507	1812480	1693095	1542272	1535301
东欧(匈牙利、波兰、独联体等)	35899	21217	24169	46666	35913	40224
非洲(埃及、埃塞俄比亚、肯尼亚、尼日利亚、南非、苏丹、赞比亚、坦桑尼亚等)	75676	83721	75435	75824	78110	83688
东亚(中国、中国香港、日本、韩国等)	110398	136153	126620	163149	119025	128450
西亚(以色列、约旦、巴林、科威特、阿曼、卡塔尔、沙特阿拉伯、叙利亚、土耳其、阿联酋、也门共和国等)	35138	46461	62051	37813	29405	36976
南亚(阿富汗、伊朗、马尔代夫、尼泊尔、巴基斯坦、孟加拉国、斯里兰卡、不丹等)				19456	11361	18829
澳洲(澳大利亚、新西兰、斐济等)	26023	31819	43520	47000	48295	46302
其他	106436	107100	102395	83257	75665	75309
总　　计	**5358170**	**5017251**	**5025834**	**5050099**	**4802217**	**5161379**

资料来源：

巴西旅游部和联邦警察局。

表 16.3.2 外国入境旅游人数(按洲分)——俄罗斯[1]

单位：人次

国家和地区[3]	2005	2006	2007	2008	2009	2010	2011[2]
北美	171220	248576	199171	230144	226937	[illegible]	[illegible]
中美洲和南美洲	25483	25626	38350	47526	39188	[illegible]	[illegible]
西欧	527630	532038	573135	539592	535927	[illegible]	[illegible]
东欧	231689	297672	140682	162710	124643	[illegible]	[illegible]
非洲	5969	6825	6355	10467	9553	[illegible]	[illegible]
东南亚	11709	19607	22796	20945	17644	[illegible]	[illegible]
东亚	316456	279260	238374	235506	207072	[illegible]	[illegible]
南亚	36220	31542	50734	46870	46002	[illegible]	[illegible]
澳大利亚和大洋洲	18210	23035	29629	29826	25258	[illegible]	[illegible]
其他	1040040	968837	914371	971488	868357	[illegible]	[illegible]
总　计	**2384626**	**2433018**	**2213597**	**2295074**	**2100601**	[illegible]	[illegible]

脚注：

(1) 数据来自俄罗斯联邦安全局（州边境服务）。外国游客数量是以“旅游”为目的的人数。

(2) 为 1 到 9 月份数据。

(3) 地理区域名字和范围与联合国所使用的标准国家或地区统计代码一致。

表 16.3.3 外国人境旅游人数——印度

单位：人次

国家和地区	2005	2006	2007	2008	2009	2010
北美	768808	873306	1007276	1027297	1051209	1173664
中美洲和南美洲	35586	38745	42319	43505	46604	62728
西欧	1282119	1487271	1686083	1709525	1634042	1750342
东欧	101445	121309	152764	191110	183475	227650
非洲	134801	142813	157485	141750	164474	204525
西亚	123821	146693	171661	215542	204843	235317
南亚	841969	908916	982428	1051846	1001401	1047444
东南亚	241408	281726	303475	332925	360191	439043
东亚	223567	282985	352037	355230	322797	411947
澳洲	129778	137436	167063	178308	182451	210275
其他	21818	25320	32676	34540	15588	12087
无国籍	13490	647	26237	1025	624	670
总　计	**3918610**	**4447167**	**5081504**	**5282603**	**5167699**	**5775692**

表 16.3.4　入境旅游人数——中国

单位：万人次

国家和地区	2005	2006	2007	2008	2009	2010	2011
总　计	**2025.51**	**2221.03**	**2610.97**	**2432.53**	**2193.75**	**2612.69**	**2711.21**
亚洲	**1249.99**	**1358.82**	**1606.12**	**1455.10**	**1377.93**	**1617.16**	
朝鲜	12.58	11.01	11.37	10.18	10.56	11.64	
印度	35.65	40.51	46.25	43.66	44.89	54.93	
印尼	37.76	43.30	47.71	42.63	46.90	57.34	
日本	339.00	374.59	397.75	344.61	331.75	373.12	
马来西亚	89.96	91.06	106.20	104.05	105.90	124.52	
蒙古	64.20	63.12	68.20	70.53	57.67	79.44	
菲律宾	65.40	70.42	83.30	79.53	74.89	82.83	
新加坡	75.59	82.79	92.20	87.58	88.95	100.37	
韩国	354.53	392.40	477.71	396.04	319.75	407.64	
泰国	58.63	59.20	61.16	55.43	54.18	63.55	
非洲	**23.80**	**29.38**	**37.91**	**37.84**	**40.12**	**46.36**	
南非	5.18	5.55	5.78	5.43	5.08	6.35	
欧洲	**479.14**	**527.96**	**621.68**	**612.33**	**459.11**	**569.79**	
英国	49.96	55.26	60.51	55.15	52.88	57.50	
德国	45.49	50.06	55.67	52.89	51.85	60.86	
法国	37.20	40.22	46.34	43.00	42.48	51.27	
意大利	19.70	19.53	21.52	19.44	19.14	22.92	
荷兰	14.58	16.78	19.41	18.09	16.69	18.94	
葡萄牙	4.38	4.45	4.83	4.39	4.36	4.77	
瑞典	11.03	12.95	14.51	13.77	12.58	15.45	
瑞士	5.14	5.79	6.46	6.34	6.26	7.43	
俄罗斯	222.39	240.51	300.39	312.34	174.30	237.03	
拉丁美洲	**16.05**	**19.58**	**24.26**	**26.03**	**23.10**	**30.65**	
巴西	3.79	4.78	6.74	7.47	6.37	8.21	
北美洲	**198.53**	**221.00**	**256.15**	**232.12**	**226.01**	**269.49**	
加拿大	42.98	49.91	57.72	53.47	55.03	68.53	
美国	155.55	171.03	190.12	178.64	170.98	200.96	
大洋洲和太平洋岛屿	**57.36**	**63.86**	**72.85**	**68.88**	**67.24**	**78.53**	
澳大利亚	48.30	53.81	60.74	57.15	56.15	66.13	
新西兰	7.84	8.86	10.87	10.52	10.04	11.6[illegible]	
其他	**0.65**	**0.43**	**0.31**	**0.23**	**0.22**	**0.2[illegible]**	

资料来源：

1. 中华人民共和国国家统计局，中国统计年鉴，2005-2011 年。
2. 中华人民共和国 2011 年《国民经济和社会发展统计公报》。

表 16.3.5　外国人境旅游人数——南非

单位：人次

地　区	2009	2010
北美洲	275715	337652
中美洲和南美洲	57530	120329
西欧	735072	793970
东欧	28829	45904
非洲	5089414	5741177
东南亚	27346	32148
东亚	86893	120149
西亚	37828	37285
南亚	70901	92986
澳洲[(1)]	101479	128149
其他	500858	623803
总　计	**7011865**	**8073552**

脚注：

（1）包括澳大利亚和斐济等。

主要统计指标解释：

通用解释（国际旅游组织，1963 年）：

国际游客 任何持有外国护照访问这个国家的人，其访问目的既不是在此国家从事获得酬劳的活动，也不是永久居留。此定义包含两种游客：旅游者和一日游客。

外国旅游者 是指持有外国护照的人访问某国，在某国至少停留 24 小时，访问目的可归类为下列情况之一

A 休闲度假（娱乐、假期、保健、学习，宗教和体育）；

B 公务、探亲、官方活动、会议。

国家解释：

印度

外国旅游者 是指持有外国护照的人访问印度，在印度至少停留 24 小时，访问目的可归类为下列情况之一

A 休闲度假（娱乐、休假、保健、学习，宗教和体育运动）；

B 公务、探亲、官方活动、会议。

C 下列不被认为是“外国旅游者”：

A 无论是否有合同，抵达本国而接受一份职业或是从事获得酬劳活动的人；

B 在本国内长久居留的人；

C “一日游客”，在本国停留少于 24 小时的短期游客。

中国

入境旅游人数 指报告期内来我国观光、度假、探亲访友、就医疗养、购物、参加会议或从事经济、文化、体育、宗教活动的外国人、港澳台同胞等入境游客。统计时，外国人、港澳台同胞每入境一次统计 1 人次。

附录－I
巴西统计体系简介

一、巴西国家地理与统计局（IBGE）的组织结构

巴西国家地理与统计局（IBGE）受1973年5月11日第5.878号法律和2003年6月13日第3.740号法令等的规定，在计划部下负责协调巴西统计体系，同时也是巴西官方统计数据的主要生产者。

巴西官方统计数据的生产由巴西国家地理与统计局、中央银行、各部和各州统计机构负责。巴西国家地理与统计局是负责统计信息（包括人口、经济和社会等信息）、地理信息、地图信息、大地测量信息和与自然资源和环境相关的其他信息的生产、分析和发布的官方统计机构。

除了在统计体系中的职能外，巴西国家地理与统计局还是地球科学信息的主要生产者，负责国家地理信息系统的协调工作。地球科学信息生产的主要项目之一是国家空间数据基础设施（INDE）的建设。国家空间数据基础设施的目的是把来自巴西政府机构、生产者和资助者的空间数据编入目录，进行整合或协调，方便各种用户查找、查阅和使用，使用户交互式地使用。

巴西国家地理与统计局负责巴西空间数据基地（SIG）的建设、提供和运作，负责巴西地理空间数据理事会（DBCO）的管理，还负责为国家空间数据基础设施的运行和维护所需资源提交提案。

巴西国家地理与统计局所开展的项目对政府和社会都是非常重要的。一些全国性公共政策的制定是基于巴西国家地理与统计局根据巴西实际情况所生产的信息。为了生产统计信息和地球科学信息，巴西国家地理与统计局的单位遍布全国，包括里约热内卢的总部以及各州和各市的单位，如下：

作为高级指导委员会的高等院校，包括：技术委员会、理事会、董事会；

直接并及时向总统提供帮助的渠道，包括：内阁、总检察长；

内设部门，包括：内部审计、执行委员会；

专门机构，包括：调查司、地球科学司、信息科学司、信息和文献中心、国家统计学院；

地方机构，包括27个州（26个州和1个联邦区）以及572个负责收集和发布数据的机构。

统计信息和地球科学信息的生产由地球科学司和调查司负责。

这些部门都得到信息科学理事会的支持，以确保计算机的硬件和软件以及数据通信等基础设施的安全。信息和文献中心负责制定数据发布政策，以便在网上免费公布巴西国家地理与统计局包括微观数据在内的调查结果。

执行委员会负责巴西国家地理与统计局工作的规划、预算和总体协调。

调查司负责社会、经济和人口统计数据的生产，负责国民经济核算体系和社会指标综合数据的生产，还负责国家统计

体系的协调和组织召开统计信息用户和其他生产者参加的会议。

地球科学司负责地理信息、大地测量信息和地图信息以及与环境资源和自然资源有关的其他信息的生产，负责基本大地测量计划和基本制图计划的协调工作。

巴西国家地理与统计局负责管理国家统计学院，该学院开设以下课程：统计学学士学位课程、环境分析和土地管理研究生课程、人口研究和社会研究硕士学位课程和巴西国家地理与统计局技术人员培训项目等。

巴西国家地理与统计局总部各部门负责全国调查的设计、结果分析和国家层面团队工作的协调。

巴西国家地理与统计局在全国各地的分支机构负责主要统计数据的收集、审核和提交给总部。各分支机构还开展与大地测量和制图有关的工作。

二、统计数据生产工作计划

为了设定未来几年的目标，巴西国家地理与统计局已经更新了战略计划。因此，该战略计划是巴西国家地理与统计局的主要文件。

工作计划及其时间表在成为巴西国家地理与统计局的战略计划之前必须经过技术和基础设施等各领域的讨论，并提交由巴西国家地理与统计局局长和司长组成的计划委员会评估和批准。

巴西国家地理与统计局的战略计划是同期联邦政府多年计划（葡萄牙语称为 PPA）的一部分。联邦政府多年计划涵盖了政府的各个方面，明确了各部、各机构的目标责任。

各部门在计划期所要达到的目标都已提前定好。各部门的目标包括此期间计划发布出版物的所有内容。目标由理事会批准后在内部和互联网上公布，它们是对巴西国家地理与统计局在完成其职能方面进行目标评估的项目之一。

巴西国家地理与统计局的工作计划要提交给各个咨询委员会。这些咨询委员会都是由在某个领域享有声誉的专家组成，他们讨论方法问题并帮助设定优先开展的工作。

这些委员会的委员经验丰富，这有助于巴西国家地理与统计局了解用户的需求，也有助于提高巴西国家地理与统计局的公信力。

咨询委员会涉及下列领域：人口普查、农业普查、全国居民消费价格指数、死亡率统计、农业统计的计划、控制和评价、社会统计、巴西地区经济核算等。

当某些信息需求没有列入工作计划，而可用资源又无法满足时，可以通过与相关政府机构（指为补充调查提供资金的那些机构）签订协议来实现。例如，应卫生部、教育部和社会发展部等部门要求而进行的调查。

巴西国家地理与统计局也会与财政部和中央银行等部门进行合作，完成国民核算的准备工作。

劳工部每年都会向巴西国家地理与统计局提供《年度社会信息表》（RAIS），该表由整套行政记录组成，用于更新中央企业名录库（CEMPRE）。该行政记录被用于选择企业作为年度经济调查对象。自 20 世纪 90 年代起，年度经济调查就取代了经济普查。

为了设定长期的工作路线，巴西国家地理与统计局与社会信息、经济信息和地区信息的生产者和用户定期召开会议。会议的目的是，征求信息生产者和包括政府机构、调查机构、非政府机构和科学协会以及对信息的生产、发布和使用有兴趣的技术人员和研究人员等在内的信息用户的建议和咨询意见，对《统计和地理信息总体规划》（PGIEG）进行修订和补充。

这一举动的结果是，对公共服务信息领域的技术发展水平进行审查，反映差距，发现改进的机会和对新的信息需求。

对社会经济信息和人口统计信息越来越大的需求，和对出现的新问题都要求进行及时的研究。

使统计机构适应新的实际情况的办法之一是采用系统化理念的模型来整合信息源和数据库。

住户调查集成系统（SIPD）将整合现有的住户调查（包括全国住户抽样调查（PNAD）、月度就业情况调查（PME）、住户预算调查（POF）和城市非正规经济调查（ECINF）），并满足新的要求。

作为在这方面获得重要建议的新项目，住户调查集成系统进行规划时必须加强与信息用户和信息生产者的联系。从这个意义上讲，住户调查集成系统的开发步骤已经成为巴西国家地理与统计局主办的研讨会和大会的议题。

这一进程的透明度使用户确信这一新项目建设路线是受到联合监控和评估的。

三、社会统计委员会

社会统计委员会是根据2007年12月6日第424号部门规章设立的。它是一个讨论和评估国家社会统计体系需求的论坛。

社会统计委员会由下列各部和各机构组成：社会发展部和“反饥饿”粮食计划署、教育部、计划、预算和管理部、社会福利部、卫生部、劳动和就业部、应用经济研究所（IPEA）、Anísio Teixeira 国家学习与教育研究所（INEP）和巴西国家地理与统计局（IBGE）。

社会统计委员会由管理委员（负责制定委员会工作指南）和执行委员会（负责执行工作指南）组成。

自2009年以来，社会统计委员会一直遵循下列指导方针开展工作：制订社会统计详细目录（特别是官方统计）并定期更新，确保和提高信息的可比较性和可获得性，鼓励采用新理念、分类和方法处理、保存和提交官方统计信息，填补信息差距，扩大数据源的整合范围，组织信息需求和协调信息的生产和使用，规范和方便各类政府机构使用现有数据库和提供数据库的透明度、可视性和保密性，采取必要行动确保委员会所制订工作的可视性以及采用官方统计基本原则等。

执行委员会已经开展了高强度工作，如对一些机构数据库的认证、为巴西国家地理与统计局元数据库项目制定编写规范程序等。

该委员会的主要目标之一是，对来自调查和行政记录的各类社会信息数据库进行整合，从而推动在国家统计体系中的协调和管理。

四、各市地理和统计委员会和各州统计委员会

巴西国家地理与统计局致力于强化透明度原则，允许社会知晓和了解其活动情况。

基于这一点，巴西国家地理与统计局已经扩大了旧的市普查委员会的职责范围，过去的职责范围仅在人口普查时适用。

各市统计和地理委员会（葡萄牙语称为CMGEs）在2010年巴西人口普查时设立，目的是扩大当地民众在巴西国家地理与统计局所制订的研究、调查和普通地图的过程和发布方面的参与度。

各市统计和地理委员会的成员包括巴西国家地理与统计局的代表和市级行政部门、立法部门和司法部门的代表以及当地其他市政机构的代表等。

五、技术合作

值得强调的全国范围的技术合作有：卫生部、城市建设部、农业发展部、水产和渔业部、共和国总统妇女政策特别秘书处、社会发展和“反饥饿”粮食计划署、共和国总统人权问题特别秘书处、文化部和国家司法委员会（CNJ）等。

关于国际技术合作协议，下列工作值得强调：欧盟（EU）和南方共同市场（MERCOSUR）国家（阿根廷、巴西、巴拉圭和乌拉圭）之间的合作。关于南方共同市场一体化和通过对统计数据的生产和发布工作的开发、培训和整合强化国家和各地区机构的统计合作项目和澳大利亚统计局（ABS）对经济统计数据生产过程审核项目的技术支持等。

六、与国际社会的互动

近几年，巴西国家地理与统计局还积极扩大参与国际统计社会，比如联合国统计司（UNSD）、美洲国家统计会议（SCA）、欧盟统计人员大会（CES）、经济合作与发展组织（OECD）、世界旅游组织（WTO）、国际劳工组织（ILO）、葡萄牙语国际组织（CPLP）和金砖国家等。

积极参与国际社会对巴西国家地理与统计局的工作项目产生了影响，提高了工作人员的技能，也扩大了巴西国家地理与统计局有兴趣的国际技术合作。

七、记者和一般用户培训课程及招待会

近几年，巴西国家地理与统计局不断拓展其与新闻界的沟通并增进其与新闻界的关系，作为公布工作情况和在公众面前树立良好形象和公信力的另一种途径。

在记者招待会开始前，新闻稿都发给现场记者。同时，调查结果的指标和解读都发布在巴西国家地理与统计局的网站上。

除了结构性调查以外，巴西国家地理与统计局每月还发布约10份事态跟踪调查报告。因此巴西国家地理与统计局每年大约要召开100场记者招待会。

所谓的事态跟踪调查报告要受2007年11月5日颁布的第355号法令的约束并且要由计划部签署。根据法令规定，调查结果必须提前两小时（数据公布是在上午9点），即上午7点送到政府官员手中。

关于信息可获得性方面，巴西国家地理与统计局在其网站上公布享有优先于公众获取信息权利的国家政府官员名单，确保程序的透明度。

具有专业素养的新闻记者对于提高关于巴西国家地理与统计局调查报道质量是必要的。近几年，社会通讯协调机构（CCS）已经组织了一些针对新闻记者的培训课程。举办了处理较为复杂信息的培训课程（如国民经济核算和人口普查）和快速获取统计信息的数字化工具的使用的培训班。

八、访问互联网和其他途径

为更好地服务大众，巴西国家地理与统计局提供了几种获取信息的方式：刊物（书籍和期刊）并配有光盘（CD-ROMs），免费咨询电话，位于里约热内卢的文献和信息发布中心的中央图书馆，与巴西国家地理与统计局位于各州首府的州一级单位的文献和信息发布中心联系。

近几年，巴西国家地理与统计局一直推进信息发布的建设。目前，该局已经提供电子产品和电子服务。这种方式已经成为最重要的提供信息产品和服务的媒介。现提供如下途径：巴西国家地理与统计局的自动还原系统（SIDRA），它允许用户建立自己的表格和比较数据；多维统计数据库（BME），它拥有包括人口、制图、大地测量、自然资源和环境等信息的各类具体文件；并可以免费访问巴西国家地理与统计局的网站（http://www.ibge.gov.br）。

附录－II

俄罗斯统计体系简介

俄罗斯联邦统计局（Rosstat）作为联邦政府机构，负责开展联邦社会、经济、人口、生态以及其他社会发展进程的官方统计工作。

俄罗斯联邦的国家统计实行集中制原则。国家统计的主要职责是向各级政府机构、媒体、科研单位、商业团体、国民大众和国际组织提供有关俄罗斯、俄罗斯各联邦及各经济部门的社会经济发展方面的及时、全面、客观的统计报告。为实现这一目标，制定了联邦统计工作规划，明确了国家社会经济和人口统计的监管方向。俄罗斯联邦统计局也根据不同部门划分制定了计划并由联邦政府通过。

一、俄罗斯联邦统计局的主要职能

－根据现行流程标准，为俄罗斯总统、俄罗斯联邦政府、俄罗斯联邦议会、国家其他权力机构、地方自治机构、大众媒体、各相关机构组织和国民大众以及国际组织提供官方统计数据；

－根据现行流程，制定并审批官方统计方法，开展联邦统计调查、编辑官方统计数据，确保国内各统计方法与国际官方统计标准和统计原则接轨；

－根据官方统计核算内容，审批联邦统计调查形式、确定其执行标准，除非联邦法律中有明确规定；

－制定联邦统计工作计划、提供计划实施建议、审批联邦统计调查形式及其执行标准，协调官方统计核算活动；

－为开展各项联邦统计调查活动提供准备和方法支持、开展统计调查并处理所获数据，形成官方统计报告；

－按照现行流程标准，编制全俄罗斯各项活动中的技术、经济、社会信息分类；

－在管辖范围内，制定相关保密措施，确保统计活动过程中收集数据的保密性，确保服务、银行、税务、商业数据以及其他保密数据的机密性；

－根据现行流程标准和数据提供服务协议，为用户提供官方统计数据和其他数据；

－履行俄罗斯联邦在国际组织中的成员国义务，研究和总结国际统计经验。

二、统计组织机构设置原则

国家统计体系是由不同层级、不同职能却又相互关联的机构和部门构成的一个统一的网络。各部门负责收集、处理和发布统计数据，核算国家社会经济和人口发展中涉及的各种比率和比例，衡量其在当今世界所处的地位。

国家统计系统按照行政区域划分。在向国家机构和各级政府、媒体、科研单位、商业团体、国民大众和国际组织提供有关俄罗斯、各联邦、各产业及经济部门的社会经济发展统计数据时，确保数据的全面性和客观性。

国家统计系统分为两个部分：以俄罗斯联邦统计局总部为代表的联邦级机构和以联邦统计局地方分局为代表的地方级机构。

三、国家统计系统联邦机构设置

国家统计系统中的联邦机构包括：俄罗斯联邦统计局（Rosstat）总部、计算中心、社会经济统计问题科研所、统计信息科学研究、设计与技术研究院、《俄罗斯统计》信息和发布中心。

四、国家统计系统地区机构设置

俄罗斯联邦有 82 个联邦主体。俄罗斯联邦统计局在每个主体（共和国、州、自治区和边疆区）都设有分局。

俄罗斯联邦统计局地方分局负责收集和预处理各地区的统计数据；为各共和国、省和地方政府机构及相关用户提供统计数据。

五、官方统计活动的法律基础

俄罗斯联邦统计局在《俄罗斯联邦宪法》、联邦主体法律、联邦法、俄罗斯联邦总统令和俄罗斯联邦政府法规、俄罗斯联邦国际条约的法律基础上开展统计活动。

俄罗斯统计活动的法律基础是 2007 年俄罗斯联邦总统签署的《俄罗斯联邦官方统计核算和国家统计体系法》。全国人口普查和农业普查等重大统计活动的开展依照相关的联邦法律进行。

俄罗斯联邦政府发布了《关于向官方统计机构提供原始统计数据和行政数据的义务的规定》，旨在帮助联邦统计局从被调查者处收集必要的信息以形成政府信息资源。

六、面临的挑战

社会、经济、人口、生态和俄罗斯联邦其他社会发展进程领域统计数据的及时性、完整性、可靠性和科学性以及对这些数据的分析对国家社会经济发展、政府管理和控制都有着至关重要的作用。

当前，俄罗斯的统计工作面临着国内重大社会经济变革、政府改革、预算进程改革以及财务数据报告与国际标准接轨等重大挑战。为应对社会中出现的各种变化，就需要寻求并实施新的统计方法，创造灵活的信息和统计支持体系。

为此，联邦制定了一个中期《2007-2011 俄罗斯国家统计发展规划》。

该规划的目的在于通过整合全国范围内的统计资源，建立一个统一的统计信息系统，为各政府部门提供支持。通过该系统，可以及时收集可靠、全面的宏观经济统计指标，为国家经济的有效决策和预测提供参考。

统计系统的发展要靠科技现代化的进步、新规划方法和管理方法的实施以及统计人力资源的再培训和效率的提高。

俄罗斯统计现代化主要表现为统计方法高度透明、所有相关用户可以通过多种方式和方法广泛获取官方统计数据。

附录－III

印度统计体系简介

印度政府实行联邦制。印度统计系统在国家整体管理下行使职能。中央政府和各邦政府之间的管理职责可以划分为三类：中央类、联邦类和公共类。公共类即中央政府和各邦政府都可以开展的统计活动，其中包括专题统计活动。在其行政职能划分的基础上，联邦政府的各部委或部门和邦政府的各部门按统计内容或其分类再进一步划分职能。

因此，印度统计体系既有分散的一面，又有集中的一面。例如，全国范围的大规模统计调查活动，如人口普查、经济普查、农业普查和牲畜业普查以及年度工业调查和社会经济调查等全国范围内的抽样调查由中央政府机构集中开展。同样，中央政府统一进行国民经济核算、工业生产统计和价格指数编制。各邦一级统计机构则负责收集、整理变量数据。中央政府负责协调全国统计活动，甚至包括由各邦一级机构主要负责收集统计数据的领域。各邦的经济与统计理事会（DESs）负责协调邦一级的统计活动，并负责与印度统计与计划执行部（MOSPI）保持沟通，以确保不同层级编制数据的统一性和一致性。

一、中央统计体系

印度统计与计划执行部（MOSPI）是规划、促进国家统计体系全面发展的中央机构，其主要职责包括制定官方统计领域的统计规范和标准、制定统计概念和定义、提出有关数据收集、处理和统计结果公布的制度方法。该部由两部分组成：一是国家统计机构（NSO），俗称“统计部”；二是计划执行机构，俗称“计划执行（PI）部”。NSO下设中央统计局（CSO）（包括计算中心）和国家抽样调查队（NSSO）。计划执行部下设四个分支机构：二十要点项目司、基础设施监测司、项目监测司和议员联系地方发展司。除MOSPI发行的大量出版物外，NSO和PI均提供大量统计信息供决策者、研究人员和其他用户使用。MOSPI还有一个自治组织，即印度统计学院（ISI），它是国际上享有盛名的统计机构。

除NSO外，大多数处理农业、水利、卫生、农村发展等各种问题的印度政府部委或部门也设有统计部门来开展统计活动，以满足本部门对统计信息的需求。这些部门的统计活动一般由高级统计官员领导，便于与NSO妥善协调。大多数部门都会对外公布自己的统计数据／出版物。

（一）中央统计局

中央统计局（CSO）的最高领导为局长，总部设在新德里。下设五个主要部门：国民经济核算司（NAD）、经济统计司（ESD）、社会统计司（SSD）、培训司和协调与出版司（CAP）。此外，CSO在德里附近还有一所一流的培训机构——国家统计管理学院（NASA）。近两年来，该学院一直为国内／国际统计项目提供培训。

中央统计局负责协调全国统计活动，制定和管理统计标准。其活动主要包括国民收入核算、进行经济普查及其后续调查、处理年度工业调查数据并编制调查报告、编制工业生产指数和消费者物价指数、进行性别统计、进行官方统计培训。CSO 为各国家机构和国际机构提供多种统计数据，并定期发布多种出版物，包括《统计年鉴》、《月度统计摘要》、《数据印度》、《统计袖珍手册》、《能源统计》、《基础设施统计》、《环境统计》等。其它活动还包括：编制五年计划和年度计划、召开由中央和各邦一级统计机构参加的会议、修订国家产业分类标准、编制并实施战略规模以获取关键参数数据、提高现有数据集的质量和可靠性 获取新兴领域的数据集以满足不断增加的数据需求、缩短数据发布的时间间隔。

中央统计局下设计算中心，其任务包括从事 MOSPI 数据加工的工作、为统计人员提供软件方面的培训、维护 MOSPI 网站（www.mospi.gov.in）和国家官方统计数据库。

（二）国家抽样调查队

国家抽样调查队（NSSO）在指导委员会的整体指导下开展工作，但在收集、处理和发布国家抽样调查数据方面享有必要的独立性和自主权。除了一名非官方主席以外，指导委员会由学者、中央和各邦一级统计部门的数据用户以及统计和计划执行部的高级官员组成。NSSO 由局长兼首席执行官（DG&CEO）领导，局长同时也是指导委员会秘书成员。

国家抽样调查队（NSSO）除了对土地统计和农作物调查进行样本检查以及编制城市样本框外，还负责开展大规模的抽样调查，包括社会经济调查、工业年度调查、收集全国城乡价格数据等。NSSO 的主要活动有调查设计、现场调查、处理 NSSO 数据以及发布 NSSO 报告。

二、各邦一级统计体系

各邦／联邦属地的经济和统计理事会（DESs）负责协调邦一级的所有统计活动。大部分邦／联邦属地政府都已经正式确定其经济和统计理事会为邦内所有统计活动的中心机构。少数几个邦／联邦属地还未正式公布，在这些邦／联邦属地，该机构继续充当邦内统计活动的协调机构。大多数邦／联邦属地还设有地区统计办公室（DSOs），作为 DESs 的地方办事处，收集和编制各辖内的统计数据。DESs 在各邦／联邦属地行使的职能与 NSO 在中央政府行使的职能基本是相同的，如公布主要统计数据、协调中央与各邦一级统计部门的活动、传播统计数据等。

三、数据收集的法律保障

在印度，除《1953 年统计数据收集法案》中对工业数据收集的强制性要求外，大部分数据收集都是自愿性的。修订后的《2008 统计数据收集法案》涵盖内容更加全面，对各种社会经济数据的收集也纳入其中。《2008 年统计数据收集法案》由统计和计划执行部执行。《1948 年人口普查法》由内政部下设的户籍总署署长办公室负责执行，目的在于收集人口总数和其它人口统计资料。除上述两部重要法案外，印度其他相关政府部委或部门还制定了众多其他的法案、法规和条例，收集法定的行政统计资料，从而满足不同领域的数据需求。

四、面临的新挑战

印度统计体系在促进知情决策、规划国家社会经济发展方面发挥着重要作用。国家统计体系编制出大量统计数据、创建了内容广泛的统计数据库，除满足了众多统计人员如研究人员的数据需求外，既满足了国内各机构的数据需求，也为国际机构提供了数据帮助。印度统计体系正在进行平稳改革，以满足因经济全球化和自由化的发展而日益增长的数据需求。这种变革涉及中央和各邦一级统计体系在结构和运行方面的重大调整。这些改革包括：成立国家统计委员会（NSC）以改建国家统计体系，提高统计数据的可靠性、及时性和准确性；除了通过执行内容广泛的计划来提高各邦和属区域的统计能力和加强其基础设施建设，还与世界银行合作共同发起全面印度统计强化项目（ISSP），加强各邦统计制度建设；更进一步的，从促进统计体系现代化的要求着眼，不断努力运用最先进的信息和通信技术来收集、管理和传输数据以提高统计活动效率。比如，已经采用电子方法收集工业和价格数据、采用电子系统传输各种数据，包括通过电子刊物更快更广地传播数据。印度也正在采取措施加速电子政务进程，使广大市民能够直接参与数据部门的改革。当前社会环境瞬息万变、新现象层出不穷，印度国家统计体系也一直在努力满足不同利益相关者日益增长的数据需求，为他们提供尽可能可靠、及时的统计数据。此外，印度采取必要措施，促进中央和各邦一级统计部门的协调合作，并通过各种精心的培训项目提高统计技能。

附录 - IV

中国统计体系简介

新中国国家统计体系自成立以来，经过 50 多年变革历程，在改革和调整中不断发展和完善，以适应变化着的新形势的要求。中国《统计法》规定，国家建立集中统一的统计系统，实行统一领导、分级负责的统计管理体制。

中国政府统计系统主要由政府综合统计系统和部门统计系统两个部分组成。政府综合统计系统由自上而下设置的统计机构及其配备的相应统计人员组成。中央政府设立国家统计局，县以上地方各级政府设立独立的地方统计局。在乡一级政府则主要由专职或兼职的统计员来负责统计工作的具体协调管理。政府统计系统实行“统一领导，分级负责”的管理模式。

一、政府综合统计系统

（一）国家统计局

中国国家统计局作为国务院的直属机构，负责组织领导和协调全国的统计和国民经济核算工作。在整个国家统计体系中，国家统计局既是国家统计数据的主要提供者，又是政府部门统计和地方统计的协调者。依照《中华人民共和国统计法》规定，国家统计局的主要职能是：组织领导和协调全国统计工作，制定统计政策、规划、全国基本统计制度和国家统计标准，审批部门统计标准；会同有关部门拟订重大国情国力普查计划、方案，组织实施全国人口、经济、农业等重大国情国力普查，组织实施国民经济主要行业的统计调查，收集、汇总、整理和提供有关调查的统计数据，综合整理和提供全国性基本统计数据统一核定、管理、公布全国性基本统计资料，定期发布全国国民经济和社会发展情况的统计信息，依法管理部门和地方统计调查项目。

中国国家统计局按专业划分和功能划分相结合的方式，设置 18 个司级行政单位、2 个参公管理事业单位、10 个在京直属事业单位。

国家统计局根据工作需要在各省（区、市）设立了调查总队，在各市（地、州、盟）和三分之一的县（市、区、旗）设立了调查队。这些调查队作为国家统计局直属派出调查机构，由国家统计局实行垂直管理，主要承担国家统计局布置的国家宏观调控和国民经济核算所需重要统计数据的调查任务，工作方式以抽样调查为主。

（二）地方统计局

县级以上地方各级政府设置独立的统计机构，乡镇政府设立统计站或配备统计员，负责完成承担的国家统计调查任务，组织领导和协调本行政区域内的地方统计工作。地方各级政府统计机构受同级政府和上级统计机构的双重领导，在统计业务上以上级统计机构的领导为主。

二、部门统计系统

国务院各部门和地方政府的各部门，根据统计任务的需要设立统计机构或在有关机构中设置统计人员，构成部门统计系统。其主要职责是：组织、协调本部门的统计工作，完成国家统计调查和地方统计调查任务，制定和实施本部门的统计调查计划，组织实施部门统计调查，搜集、整理并为本部门和社会提供自己的统计资料；对本部门、本行业的发展情况进行统计分析，实行统计监督。

国家综合统计系统作为统计工作的主系统，具有对部门统计系统统计业务上的指导权和协调权。

三、统计法律

不管是统计机构，还是企业事业统计组织，必须遵守国家统一制定的统计法律、法规，按照国家统计局统一制定的统计指标体系、统计调查、统计制度方法进行统计调查。

中国统计法律体系由统计法律（《中华人民共和国统计法》）、行政法规（包括普查条例、海关统计条例等）、规章及规范性文件（部门统计调查项目管理暂行办法、涉外调查管理办法、统计调查审批管理办法）、地方统计法规等五部分组成。根据《统计法》的规定，国家统计调查项目由国家统计局制定，或者由国家统计局和国务院有关部门共同制定，报国务院备案；重大的国家统计调查项目报国务院审批。部门统计调查项目由国务院有关部门制定，报国家统计局备案或审批。地方统计调查项目由县级以上地方政府统计机构和有关部门分别制定或者共同制定，报上级统计局备案或审批。制定统计调查项目的同时，应当制定该项目的统计调查制度，一并报经审批或者备案。统计调查制度应当对调查目的、调查内容、调查方法、调查对象、调查组织方式、调查表式、统计资料的报送和公布等作出规定。统计调查应当按照统计调查制度组织实施。变更统计调查制度的内容，应当报经原审批机关批准或者原备案机关备案。

四、统计调查

国家统计局主要通过周期性的普查和常规统计调查收集统计数据，此外还通过专项调查、典型调查以及行政记录等方法搜集、整理统计资料。目前，国家统计局组织开展的重大国情国力普查主要有人口普查、农业普查和经济普查；组织开展的经常性统计调查共 47 项，包括国民经济核算、农业、工业、能源、投资、建筑业、贸易外经、服务业、城乡住户、价格、社会科技、劳动工资等统计调查等。这些调查内容基本涵盖了经济、社会、人口、环境与资源各个方面。

部门统计内容涉及交通、旅游、财政、金融、海关进出口、利用外资、文化、教育、卫生、科技、流动人口、社会发展等多个方面。

五、统计资料的发布与提供

国家统计局建立统计数据提供和定期发布制度，形成统计年鉴、统计月报、统计公报、简明统计资料、统计报告、统计研究参考资料等系列统计产品。全国 31 个省、自治区、直辖市和部分市、县官方统计机构都出版了地方统计年鉴，其主要的内容与《中国统计年鉴》大体一致；为了提供更为详细的统计资料，国家统计局及国务院有关部委还编辑出版了有关专业统计年鉴。通过网络、电视、广播、报刊、印刷出版物等多种形式发布和提供统计资料；同时，中国还开发中国统计资料库，建立国家统计数据库，系统发布统计数据，以适应不同层次、不同用户的需要。

六、中国统计改革发展的方向

中国经济正在向社会主义市场经济转变，中国经济的发展迅速而又深刻，这些都对中国统计体系提出了更新更高的要求。面对这些新需求，中国国家统计系统正在实施和计划实施的举措是：提高统计能力，提高统计数据质量，提高政府统计公信力。变革统计生产方式，实现统计调查方案的统一设计、统一布置，统计数据直接采集、同步共享、全面监控。加快建设“基本单位名录库、企业一套表制度、数据采集处理软件系统和联网直报系统”等互相联系、共为整体的“四大工程”（“基本单位名录库”、“企业一套表制度”、“数据采集处理软件系统”和“联网直报系统”四项工程），实现统计工作从方案设计、任务布置到数据采集、处理、传输、共享、存储、加工和公布的全流程电子化、网络化和高效化，基本建成现代统计体系，基本实现统计现代化。

附录－V
南非统计体系简介

南非统计体系有着近百年的历史，但是其服务于全民需求的时间相对较短。随着 1994 年民主体制的建立，产生了两种可供选择的统计组织模式。一种模式是将大部分统计数据的生产集中到单一的部门，即国家统计局（NSO），当时名为中央统计局（CSS）。后来，中央统计局（CSS）转变成拥有总局和各省分支机构的南非国家统计局（Stats SA），其后又在各省建立区域统计局。财政属性较强的少数资料不在集中统计范围之列，例如国际收支平衡表，此类统计数据由南非储备银行（SARB）和国库（NT）提供。实际上，南非国家统计局和国家其他部门普遍认为集中统计才是理智选择。另一种模式是将大部分统计分散到国家各专业部门，由其提供所属领域的统计数据。当然，这些进行统计的国家部门会构建一个统计体系，协调是必不可少的。

最终形成的统计模式是演变而成的。有些领域进行统计面临着四大压力。首先是观念的转变，要从种族隔离政治体制下关注“自己的事务”转变为以新的国家疆域和全国人口相融合为重点。具体表现为中央统计局人口统计的转变，将班图斯坦（Bantustan）统计局纳入中央统计局，并且建立省级分局以利于总局收集统计资料；第二，新政府面临用于政策计划制定的数据缺口。毫无疑问，缓解贫困和不平等，特别是提供服务以及提供发展机会是最为紧要的。这也促使 1996 年人口和住房普查势在必行；第三是统计序列的合理化，最终符合民众的预想。合理化就是要在现有的经济统计数据之外，还要增加社会统计数据的生产；第四，尽快提高国家统计局的数据质量。

在后来成为南非国家统计局的中央统计局第一任局长任期内（1995–1999 年），上文提及的压力是最大的，虽然这些压力的强度不同。在此期间，统计体系的模式转变为集中化。然而，随着时间的推移，大家越来越清楚地看到南非国家统计局的有限统计能力无法满足统计用户的大多需求。同时也认识到，国家其他部门的统计对于填补南非国家统计局统计数据与用户需求之间的差距具有较大作用。在意识到集中统计模式的局限性之后，协调模式成为了新的选择，并最终在现行统计法（1999 年第 6 号）中确定下来。该法明确规定统计局长作为南非国家统计局行政长官并兼任国家其他机关统计资料的协调官。这成为南非统计发展的里程碑，因为它为南非国家统计局的战略发展和工作计划指明了新方向，并且对于国家其他部门在统计生产中的角色进行了明确定义。此外，该法颁布的同时，国家统计局的名称由中央统计局改为南非国家统计局。

2000 年，新领导接手南非国家统计局的工作，并很快着手开始统计体系的新规划。尽管这种新规划还需要正式定义，但是它取决于统计体系的内部协调。为了梳理协调工作，南非国家统计局成立了国家统计体系处（NSSD）。2002 年 1 月，国家统计体系这一理念被比勒陀利亚内阁会议确定下来。虽然被列入政府“行动纲领”（POA），但在随后的八年多时间里，南非国家统计体系并未实现明显推进，特别是在南非国家统计局内。这主要基于三个原因：第一，统计能力相对有限；第二也是最大的原因是南非国家统计局长期面临的高效运转同时保证数据质量的压力；第三是变革管理的挑战。

直到 2009 年，国家统计体系的理念才开始影响到南非国家统计局的战略方向。从那时起，该部门的五年战略规划和年度工作计划已经完成了一次战略性转变，强调统计协调要按照《统计法》的规定执行。如其新愿景和使命所述，该部门应该在与其它国家机关协作下带头推进全国统计工作的发展。这种转变体现在将统计生产从南非国家统计局的统计产品拓宽到建立一个体系，来支持其他国家机关生产出高质量的统计数据。转变的目的是扩大统计数据的生产，增加官方统计数据的供应并弥补在统计质量方面的欠缺。南非国家统计局六个战略目标中，有三个直接与统计协调有关：第一个目标是“通过增加其深度、广度和地理分布，扩大信息基础”。该战略是将 2010 年 1 月 20-22 日召开的比勒陀利亚内阁会议所提出的政府 12 个优先发展成果演变为南非国家统计局构成统计生产领域的十项统计主题。战略重点领域包括卫生、教育、安全、可持续资源管理、农村发展、粮食安全和土地改革；第二个目标是“提高统计数据的公信力”。该目标的重点领域包括开发南非国家统计体系的质量管理体系、制定南非国家统计体系的统计标准、评估统计数据质量并在适用的情况下批准作为官方数据、住宅和商业框架的开发和维护，实现统计收集标准化以提高数据的可比性；第三个目标是“引领南非国家统计体系下统计生产的发展和协调”。按照这一目标，南非国家统计体系正发挥着转变的作用，将分散的统计体系转变为一个专注于官方统计数据生产的综合体系。

中文版后记

《金砖国家联合统计手册（2012 年）》是金砖国家联合统计出版物系列的第三卷，全面介绍了五国经济社会发展状况，是国际社会了解五国国情的重要窗口。该手册的英文版由印度中央统计局牵头组织了包括中国国家统计局在内的其他金砖国家统计机构共同合作编辑的。它的成功出版充分体现了五国统计司精诚合作的精神。

基于手册英文版，我们编辑出版了手册中文版。在该手册英文版和中文版的编辑出版过程中，中国国家统计局局长马建堂和副局长许宪春给予了高度重视，各有关单位给予了积极配合。国家统计局综合司、核算司、工业司、能源司、贸经司、人口司、社科文司、农村司、城市司、服务业司和住户办等单位负责了中国分专业统计数据的提供和审核，设管司提供了《中国统计体系简介》，国际司负责了英文审定工作。本书的编辑出版由国际统计信息中心具体负责，承担了组织协调和对五国统计数据的编辑、核对、翻译等工作。中国统计出版社承担了手册的美术编辑、装祯和印刷工作。

《金砖国家联合统计手册（2012 年）》中方顾问是中国国家统计局局长马建堂，许宪春副局长担任中文版主编，赵云城、严建辉同志担任副主编。编委会委员分别是（按姓氏笔画为序）：马京奎、王元臣、王萍萍、冯乃林、刘丽萍、汲凤翔、张鹏、张卫华、李黎、杜卫群、孟合合、庞晓林、钟守洋、闫海琪、盛来运、黄秉信、翟艳；编辑部成员分别是（按姓氏笔画为序）：王智、王强、王金萍、叶礼奇、石爱华、刘冰、吕璐、朱虹、宋少英、杨红军、肖丽、邹丽婷、孟灿文、侯锐、胡晓微、唐平、栾尽晖、常文莉、黄峰、韩淑斑、解明明、戴宏国、魏媛媛。

《金砖国家联合统计手册（2012 年）》的五国联系人分别是：巴西国家地理与统计局 Roberto Santana、中国国家统计局王金萍、印度中央统计局 Rajnesh Jain、俄罗斯联邦统计局 Elena Kuznetsova、南非国家统计局 Joe de Beer。他们为本手册的编辑出版发挥了重要作用。

同时，特别感谢外交部国际司，他们为该手册的编辑和出版给予了许多指导和帮助。

需要说明的是，本书中有些指标及其含义和统计方法在各国之间不尽一致，敬请用户使用时注意。该书编辑出版因时间短、涉及面广，加之编译水平有限，不足之处，敬请批评指正。

中文版编者

2012.3.24

与本手册相关的金砖国家技术小组

巴　西　巴西国家地理与统计局国际合作司司长 Roberto Neves Sant'Anna 先生

俄罗斯　俄罗斯联邦统计局 Igor Kharotonov 先生
俄罗斯联邦统计局 Elena Kuznetsova 女士
俄罗斯联邦统计局信息和出版中心《俄罗斯统计》杂志社 Vadim Nesterov 先生

印　度　印度中央统计局副局长 A.K. Bhatia 先生
印度中央统计局副局长 T.R. Mohanty 先生
印度中央统计局处长 Rajnesh Jain 女士
印度中央统计局处长 Brijendra Singh 先生

中　国　中国国家统计局国际统计信息中心副主任 闫海琪先生
中国国家统计局国际统计信息中心处长 刘冰先生
中国国家统计局国际统计信息中心高级统计师 王金萍女士

南　非　南非国家统计局副局长 J de Beer 先生

与本手册相关的印度中央统计局工作人员

副局长 A.K. Bhatia 先生
副局长 T.R. Mohanty 先生
处长 Rajnesh Jain 女士
处长 Brijendra Singh 先生
高级统计官员 S.B. Chaturvedi 先生
高级统计官员 Anup Prasad 先生
高级统计官员 Ratan Singh 先生
调查员 Anil Kumar 先生
调查员 Nawalesh Kumar Sinha 先生
初级美术编辑 Radhakrishna Rao 先生

印度统计与计划执行部中央统计局研究与出版司

地址: West Block-8, Wing-6, R.K.Puram, New Delhi-110066
电话：91-011-26183397
传真：91-011-26171985
电子邮箱：rpu-cad@nic.in
网址：http://mospi.gov.in